자는것은 쉬는 것이 아니다

가타노 히데키 지음 한귀숙 옮김

21세기북스

자는 것은

지친 몸을 되살리는 **7가지 휴식 전략**

가타노 히데키 지음　**한귀숙** 옮김

쉬는 것이

피곤하면 ✕ 커피를 마신다　　피곤하면 ✕ 잠을 잔다　　피곤하면 ✕ 아무것도 안 한다

아 니 다

21세기북스

'항상 몸이 무겁다.'

'아무리 자도 나른하고, 피로감은 조금도 풀리지 않는다.'

'출근길에 나서면서부터 터덜터덜 걷는다.'

'휴일엔 뭘 해야 할지 모르겠다. 결국 하루 종일 침대에서 뒹굴다 끝이 난다.'

'주말에 몰아서 자고 나면 월요일이 오히려 더 피곤하다.'

당신은 이런 고민에 빠진 적이 없었습니까?

'매일 회사 일에, 집안일로 눈코 뜰 새 없이 바빠서 느긋하게 쉴 엄두가 나지 않는다. 연차가 쌓여 있는 선배들도 못 쉬는 마당에 연차를 내는 게 눈치가 보인다. 팀장님이 휴가 내는 걸 극도로 싫어한다. 피곤에 절어 있는 몸을 일으켜 출근하지만, 졸음이 쏟아지고 하품이 나서 일에 집중하기가 어렵다. 그러다 보니 태도 문제로 지적을 많이 받고, 일에 능률이 오르지 않아 매일매일 야근 당첨…….'

이처럼 하루의 시작과 끝을 피곤함을 토로하다가 끝내는 사람들이, 일본에는 상당히 많습니다.

'피곤하면 휴식을 취한다.' 이처럼 너무도 당연한 일이 마음먹은 대로 되지 않다니, 생각할수록 이상한 일입니다. 원래 일본인들의 가장 큰 문제점은…… 아, 그 전에 제 소개를 먼저 해야겠군요.

저는 일본사단법인 일본 리커버리 협회 대표이사이자 '휴식학'이란 학문을 제창하고 있는 가타노 히데키라고 합니다. 세상 모든 학문을 죄다 파헤쳐 본 것은 아니지만, 제가 알아본 바로 '휴식학'은 세상 그 어디에도 없는 신종 학문입니다.

'피로'는 전 인류의 공통된 화두이지만, 특히 일본은 한때 '피로 국가'로 불릴 정도로 개인을 희생하여 일하는 것을 미덕으로 삼은 나라입니다. 현재도 그런 경향이 남아 있어 많은 사람이 '쉬는 것'은 '게으른 것'이라고 생각하고 쉬는 것에 죄책감을 느낍니다. 이는 그 어느 것보다 큰 국가적 문제라고 저는 생각합니다.

건강의 3대 요소는 '영양·운동·휴식'입니다. 이 3가지 중 영양적인 면과 운동에 관련해서는 꽤나 체계적으로 연구되어 있어, 어린이뿐 아니라 어른들도 따로 교육을 받을 수 있는 기회가 많습니다. 운동은 초등학교의 정규 수업으로 채택되어 있으며, 체육대학도 있습니다. 운동생리학이나 스포츠학과 등 스포츠에 관련된 학문도 적극적으로 연구되고 있습니다. 영양도 운동과 같이 초등학교 시절부터 영양의 기초를 배웁니다. 영양학만을 전문적으로 연구하는 대학도 있습니다.

그러나 휴식만은 아직 학문으로 확립되어 있지 않습니다. 아마도 '가만히 푹 쉬고 있으면 좋아져. 쉬는 거야 누구라도 할 수 있지'라든가 '쉬는 걸 일부러 배워야 하는 건 아니지'라고 생각하기 때문인 것 같습니다.

그러나 현대인들은 지금까지 인류가 경험한 적이 없는 종류의 스트레스와 피로로 고통받고 있습니다. 육체노동이 전부였던 때와 비교하면, 지금은 많은 부분에서 컴퓨터나 스마트폰 등 디지털 디바이스를 사용한, 이른바 신경계를 자극하여 처리해야 할 일들이 그 주류를 이루고 있습니다. 그 때문에 육체노동으로 먹고살았던 때와 같은 방식의 휴식을 취해서는 몸에 쌓인 피로를 떨쳐 내기 힘들 수 있습니다.

이 책은 지금까지 경시되었던 피로에 대한 과학적 설명과 함께 다음 의문에 대한 명쾌한 답을 제시합니다.

- 인간은 어째서 피곤해지는가?
- 피곤이 쌓였는데도 쉬지 않고 무리하면 인간의 몸은 어떻게 변하는가!
- 어떻게 쉬어야 효율적으로 피로를 풀 수 있는가?

차차 구체적으로 설명하겠지만, 피로란 '통증'이나 '발열' 과 같은 수준의 내 몸에서 내보내는 경고입니다. 몸에서 '당장 쉬지 않으면 생명이 위험하다'라고 위급함을 알리는 것입니다. 하지만 인간의 뇌는 그 경고를 일시적으로 무시하는 경우가 많습니다. 그렇기에 육체적으로나 정신적으로 버틸 수 있는 힘을 낼 수도 있겠지만, 그것이 결코 좋은 결과로는 이어지지 않습니다.

또한 피로가 쌓인 사람들은 대체로 '오래 자는 것'으로 피로가 풀릴 것이라 생각합니다. 그러나 수면 시간을 길게 늘리고, 침대나 소파에 늘어져 있는 것만으로는 되레 역효과를 낼 수 있다는 것을 아십니까?

휴식이라고 하면 단지 멍하니 아무 것도 하지 않는 상태로 오인하기 쉽습니다. 하지만 앞으로는 좀 더 주체적으로 쉴 수 있는 방법을 강구하고 쉬기 위한 노력을 할 필요가 있습니다.

이 책에서는 '휴식'의 방법을 7가지 종류로 분류하고, 각각의 항목을 적절히 조합하여 자신에게 가장 알맞은 휴식법을 찾아보기를 제안합니다(이것을 '적극적인 휴식'이라고 명명합니다). 자신에게 딱 맞는 휴식법을 찾는다면, 지금보다 몇 배 더 가치 있게 휴일을 보낼 수 있을 게 틀림없습니다.

휴식의 중요성을 이해하고 있는 프로 선수들은 확실하게 휴식하는 것으로 최대의 실적을 발휘하고 있습니다. 마찬가지로 일반 기업에 다니는 사람들도 프로선수들처럼 잘 쉬어야 최대의 성과를 낼 수 있습니다. 앞으로 우리도 일과 쉼의 경계를 분명히 나눠야 하지 않을까요?

퇴근하고 집으로 돌아와 손가락도 까딱할 수 없을 만큼 지쳐 있는데, 더러운 세탁물이 나동그라져 있고, 설거지가 잔뜩 쌓인 싱크대를 보며 아득해지는 사람.

'너무 피곤해서 멍해 있던 탓에 회사에서 실수 연발이야……'라고 축 처져 있는 사람.
'일이 너무 힘들어 당장이라도 그만두고 싶은데, 그만두면 먹고살 일이 걱정이야'라면서 울며 겨자 먹기로 출근하는 사람.

이 책은 이런 사람들이 에너지 음료나 커피에 의존하지 않더라도, 완벽한 휴식과 함께 최상의 컨디션을 만들 수 있는 방법을 전합니다.
모쪼록 편안하게 이 책을 만끽해 주시길 바랍니다.

2024년 7월 가타노 히데키

차례

2 과학으로 증명된 피로의 정체

3 최상의 '휴식'을 취하기 위한 7가지 전략

현대인들의
80%는 지쳐 있다

지난 25년간,
피로를 호소하는 사람이
2배 늘었다

제가 "당신, 지금 피곤합니까?"라고 대놓고 묻는다면 어떨까요? 십중팔구 "조금 피곤한 것 같기도 하네요"나 "좀 지치네요" 둘 중 하나의 대답이 돌아올 겁니다. 왜 이렇게 대답하는 것일까요?

일본 리커버리 협회에서는 남녀 직장인 10만 명을 대상으로 '피로도'에 대한 조사를 실시했습니다. 그 결과, 최근 수년간 응답자 전체의 약 80%가 피곤함을 호소하는 것으로 나타났습니다.

지금으로부터 20여 년 전인 1999년, 후생노동성에서 60대까지의 직장인을 대상으로 피로도 조사를 한 적이 있습니다. 그때는 직장인 응답자의 약 60%가 '피곤하다'라고 대답했습니다.

표1-1 피로도 추이

			(%)
■ 건강한 사람	■ 피곤한 사람	■ 만성 피로를 호소하는 사람	
2017년	24.2	38.4	37.4
2019년	23.2	40.2	36.6
2021년	19.3	38.8	41.9
2023년	18.2	38.7	43.1

---- 응답자 80%가 피로를 호소하고 있다! ----

주) 전국의 20~69세 남녀 직장인 10만 명 대상

출처) 일본 리커버리 협회

즉 피곤함으로 지친 일본인은 지난 25년간 약 60%에서 80%로 증가했습니다(표1-1). 이는 '대부분의 사람이 피곤하다'라고 말해도 될 만큼의 엄청난 수치로, 그래프 결과만으로도 일본인의 '피로도'가 얼마나 심각한 상황인지 충분히 알 수 있습니다.

또한 조사 결과를 남녀로 구분해 살펴보면, 남성의 경우 76.8%가 '피곤하다' 혹은 '만성적으로 피곤하다'라고 대답했습니다. 여성의 경우는 80.1%가 '피곤하다' 혹은 '만성적으로 피곤하다'라고 대답해 여성이 훨씬 더 많은 피로를 호소하고 있다는 것을 알 수 있습니다. 남녀의 평균값을 구하면 78.4%나 됩니다. 이 엄청난 수치에 대해서는 다음 페이지에서 자세히 살펴보겠습니다.

피로로 인한
막대한 경제 손실

1999년 후생노동성의 조사는 산하기관인 피로도 조사연구팀에서 실시했습니다. 그 연구팀은 문부과학성의 보조금을 받아, 2004년부터 피로도에 대해 조사를 실시하였고, 그 결과 만성피로증후군(생활에 지장을 줄 정도의 피곤함이 6개월 이상 이어지는 상태)을 호소하는 인구로 인해 빚어지는 경제 손실 금액을 산출하였는데, 그 금액이 무려 약 1조 2,000억 엔(한화 약 10조 3,075억 원 정도)을 상회합니다.

60%의 사람들이 피로를 호소했을 때 빚어지는 피해 손실금이 1조 2,000억 엔이었는데, 80%로 늘어난 현재, 얼마나 큰 경제적 손실이 되는 걸까요? 그것을 자세히 수치화하여 계산해 보지는 않았으나, 최소 1조 2,000억 엔 이상으로 산출될 것은 분명합니다.

그렇다면 어째서 이러한 거액의 경제적 손실이 빚어지는 걸까요? 그것을 한마디로 말한다면 **피로한 상태로 무리하게 일한 결과, 생산성이 크게 떨어졌기 때문입니다.**

최근 기업의 생산성을 측정하는 지표로서 '프리젠티즘(Presenteeism)'이나 '앱선티이즘(Absenteeism)'이란 단어를 주로 사용하고 있습니다.

프리젠티즘은 '건강상의 문제가 있는 상황에서도 업무를 지속하는 것'을 뜻합니다. 두통이나 위장장애, 약간의 우울증이나 아토피 등의 지병이 있음에도 '힘들지만 견딜 수는 있는, 출근을 아예 못 할 정도는 아닌 질병'으로 자신의 능력치(직무수행능력)를 발휘하지 못하는 상태를 뜻합니다. 심각한 경우에는 능력보다 현저하게 저조한 실적을 내기도 합니다. 미국에서는 프리젠티즘으로 인해, 연간 약 1,500억 달러에 달하는 손실이 났다고 합니다.

한편 앱선티이즘은 다른 말로 '병가(病暇)'라고 할 수 있습니다. 프리젠티즘 상태가 심각해지면 아예 출근할 수 없는 상태가 되어 버리는 것입니다.

피로로 인해 제대로 된 성과를 내지 못하거나 출근마저 힘든 직원에게도 기업은 매달 급여를 지급해야 합니다. 그러나 컨디션이 양호하지 못한 상태에서는 무리하게 일을 해도 생산성이 높아질 리가 없기 때문에, 이는 고스란히 '기업 손실'로 이어지는 것입니다.

젊은 여성이
가장 피곤하다

'80%의 사람이 피곤함을 호소한다면, 남은 20%는 젊은이들일까?' 이렇게 생각하는 사람이 많을지도 모릅니다.

그러나 일본 리커버리 협회에서 실시한 설문 조사에 따르면, 결과는 그 반대입니다(**표1-2**).

표1-2 남녀·연령별 피로도 상황

	남성		(%)		여성		(%)
20대	14.8	34.3	50.8	20대	10.5	32.7	56.8
30대	15.1	36.7	48.3	30대	9.4	34.2	56.5
40대	16.4	38.3	45.3	40대	13	37.9	49.1
50대	21.3	40.4	38.4	50대	17.3	41.1	41.6
60대	31.9	43.6	24.5	60대	29.4	45.1	25.5
70대	39.4	43.4	17.3	70대	35.5	46.9	17.6

20~30대 여성의 약 90%가 피로를 호소한다

60대보다 70대가 건강함!

■ 건강한 사람　■ 피곤한 사람　■ 만성 피로를 호소하는 사람

출처) 일본 리커버리 협회(2023)

실제로는 젊은 사람일수록 더 피곤하고, 60대, 70대의 연령층이 훨씬 더 건강한 것으로 나타납니다. 60대와 70대는 이미 은퇴했거나 일을 하고 있어도 한창때보다는 부담이 덜 가는 일을 하는 경우가 많아서일 것입니다. 이미 장성한 자식들은 독립하고, 연금 생활을 하거나 시간적으로도 여유가 많다 보니 상대적으로 덜 피곤한 생활을 유지할 수 있는 것인지도 모릅니다.

흥미로운 사실은 60대보다 70대가 더 건강하다는 것입니다. 60대 남성 중에는 31.9%가 건강하다고 응답했지만, 70대에서는 39.4%로 늘어납니다. 이는 여성도 같은 결과를 나타내는데, 60대 여성의 29.4%가 건강하다고 대답한 반면, 70대에서는 35.5%가 건강하고 응답했습니다. 그럼에도 같은 연령대의 남녀를 비교하면, 남성보다 여성의 4%쯤이 더 피로감을 느끼고 있었습니다.

이 결과는 젊은 층에서도 마찬가지였는데, 남성보다 여성이 피로하다고 응답했습니다. 특히 20대와 30대를 주목해 보면, 20대 여성은 89.5%나 '피곤하다'라고 응답했으며, 30대에서는 무려 90.7%까지 치솟습니다. 세상에, 젊은 여성의 90%가 삶에 피로감을 느끼고 있는 것입니다.

대략 이 나이대의 여성이라면 결혼을 하고, 맞벌이를 하면서 집안일까지 더해진 탓일 겁니다. 또 경우에 따라서는 육아까지 책임져야 해서 육체적으로나 정신적으로 이루 말할 수 없이 고단한 매일을 보내고 있을 것으로 추정됩니다.

젊을수록 일과 중에
졸음이 쏟아진다

　OECD(경제협력개발기구)의 조사에 따르면, 일본 여성의 수면 시간은 전 세계적으로 가장 짧은 것으로 나타났습니다.

　후생노동성의 조사에서도 젊을수록 일과 중에 쏟아지는 졸음을 참고 있다는 것을 알 수 있습니다. 심지어 20대에서는 50%에 가까운 사람들이 졸음을 참고 있었습니다(표1-3).

　젊은 사람은 오후의 일과 중에 졸음을 느끼는 경우가 많은 반면, 고령자는 일과 중에 졸음을 느끼지 않는 것으로 나타났습니다. 생물학적인 요인을 따져 볼 때, 연령이 높아질수록 '잠'은 줄어들기 마련입니다. 하지만 그보다 60대에는 은퇴를 한 사람들이 늘어나기 때문에 밤에 충분히 수면을 취할 수 있어서인지도 모릅니다. 남성보다 여성이 더 많이 졸음을 참고 있는 것은 여성들의 피로도가 더 높은 것과 관련이 있

표1-3 일과 중에 졸아 본 적이 있다

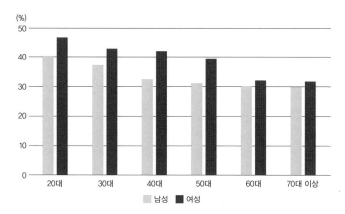

출처) 후생노동성 '2019년 국민 건강·영양 조사 결과'

습니다.

어쨌든, 지금까지 살펴본 데이터로 미루어 볼 때, **일본인은 확실히 피곤한** 상태임을 알 수 있습니다.

1999년도 데이터에서는 피로감을 느끼는 사람이 전체의 60% 정도였는데, 오늘날에는 80%를 훌쩍 뛰어넘는 수치로 나타났습니다. 이런 속도라면 앞으로 피로를 호소하는 사람들의 수치는 훨씬 더 빠르게 증가할지도 모릅니다. 만일 이대로 피로한 사람이 점점 늘어나서 전 국민, 아니 전 인류가 모두 피로를 호소한다면 이 세상은 과연 어떻게 될까요?

낮은 생산성으로 경제 성장은 기대하기 어려울 것입니다. 피곤한 상태로 일을 하다 보니 실수가 늘고, 그로 인한 인명

피해 또한 증가할 가능성도 있습니다. 특히 사람의 목숨을 담보로 하는 운수업계나 의료업계 등에서 종사하는 운전사, 의료진들의 피로도가 쌓인다면, 안전하고 안심할 수 있는 사회와는 거리가 멀어집니다.

아직도 통용되는
'쉬지 않고 일한다는 미덕'

지금보다 한 세대 위의 사람은 '일본인은 일개미 같다'라든가 '일본인들은 일중독'이라고 불리던 시대를 기억할 것입니다. 그러나 오늘날, 일본 사회의 노동시간이나 연차휴가일수 등을 다른 나라 사람들과 비교해 본다면 **그렇게까지 열심히 일하는 건 아닙니다.** 그렇지만 근면한 국민성이나 쉬는 것에 대해 죄책감을 느끼는 경향은 분명합니다.

예를 들어 회사에서는 '안녕하세요'라는 말 대신에 '수고하셨습니다'라는 말을 건넵니다. 구글 번역기에 '수고하셨습니다'를 영어로 변환하면, 'Thank you for your hard work'가 나옵니다. 직역하면 '중노동을 해 줘서 고맙습니다' 정도가 됩니다.

매일 이런 인사를 매일 주고받는다는 것은, **피로가 쌓이는**

쉬는 것은 쉬는 것이 아니다

것이 당연하다는 공통된 인식이 있기 때문 아닐까요?

여기에는 일본인의 '분골쇄신하여 일하는 게 당연하다'라는 인식이 반영된 것이라고 생각합니다. 아직도 쉬지 않고 일하는 것을 미덕으로 여기고 있는 것입니다.

"일하지 않은 자 먹지도 마라"라는 말을 듣고 고개를 끄덕여 본 적이 있을 겁니다.

한편, 영미권 나라에서는 사람과 만났을 때 "Hi, how are you?"라고 인사합니다. 그러면 이 인사에 그날의 컨디션이 좋다면 "Fine"이라고 대답할 것이고, 그렇지 않다면 "Not good"이라고 대답합니다.

물론 "그렇게까지 친분이 없는 사이라면 컨디션이 좋지 않더라도 fine이라고 대답하는 것이 일반적이다"라는 설도 있습니다만 컨디션에 대한 질문을 받았을 때, 컨디션이 좋으면 좋다, 안 좋으면 안 좋다고 말하기 쉬운 건 사실입니다.

그러나 상대가 먼저 '수고하셨습니다'라고 말해 버리면, 솔직하게 컨디션이 나쁘다고 말하기 쉽지 않을 것입니다.

입에서 떨어지지 않은 말,
'피곤해서 쉬려고요'

이러한 일본의 기업 문화 속에서 정말 '피곤할 때'에는 쉬는 게 가능할까요? 여기서 하나 질문을 하겠습니다. 당신은 '피곤하다'는 이유로 일을 쉰 적이 있습니까?

아침에 일어나자마자 극도의 피로감이 엄습해 오고, 몸이 무거워서 옴짝달싹도 할 수 없는 날. 그런 날, 회사에 전화해서 "오늘은 피곤해서 쉬려고 합니다"라고 말해 본 경험이 있는 사람이 얼마나 있을까요?

"그런 이유를 댄다면 '농담하지 말고 출근해'라며 그 자리에서 거절당할 것이다."
"'자네만 힘든 게 아냐. 다들 최선을 다해 일하고 있으니까. 빨리 정신 차리고 출근하게!'라며 출근 시간을 늦춰 주는 게 고작일 것이다."

이런 여러분의 대답이 귓가에 울리는 것만 같습니다.

이뿐일까요? 회사원으로서의 권리인 연차를 쓰는 데도 상사가 싫은 표정을 짓는다면, 사실 신청하기 어려운 것이 현실입니다.

무엇보다 일본에는 하루도 빠지지 않고 학교를 출석한 사람을 표창하는 '개근상'이 있어, 매일 쉬지 않고 학교나 회사를 가는 것 자체에 가치를 두는 사회입니다. 아직도 대부분의 사람들이 '쉬는 것=게으름'으로 취급하면서, '땡땡이'라는 부정적인 이미지까지 더해 회사나 학교를 쉰다는 것에 죄책감을 들게 합니다.

피곤하다면 제대로 된 실력을 발휘할 수 없다는 것을 이미 모두 알고 있습니다. 그럼에도 나만 마음대로 쉴 수는 없어 출근은 하지만 아무리 노력해도 능률이 오르지 않습니다. 더구나 일단 출근하면 상사가 퇴근하지 않으면, 자신도 퇴근할 수 없습니다. '늦게까지 회사에 남아 있으면 성실한 사람으로 인정받지만, 정시에 퇴근하면 일을 내팽개치는 사람으로 인식된다'라는 사회적 통념 때문일 것입니다.

이처럼 '피곤한 게 당연한 사회', '피곤하면 쉬는 게 당연하지 않은 사회'라니 아무래도 좀 이상한 것 같습니다.

우리는 생각 외로
잘 쉬고 있다

일본인의 수면 시간이나 근무시간이 다른 나라와 비교해 어떤지, 좀 더 자세하게 살펴봅시다.

OECD가 지난 2021년에 국가별 평균 수면 시간을 조사한 데이터가 있습니다. OECD 가입국의 평균 수면 시간은 508분(8시간 28분)이지만, 안타깝게도 일본은 442분(7시간 22분)으로, 일본인들의 수면 시간은 OECD 가입국 중에서 최하위입니다.

국민당 수면 시간에 있어서 하위 1, 2위를 다투는 나라는 단연 한국과 일본으로, 한국인들의 수면 시간도 평균을 한참 밑도는 471분(7시간 51분)으로 나타났습니다.

한때 제가 살았던 독일은 평균적으로 일본보다 거의 1시간 정도 더 오래 잠을 잡니다.

근무시간도 OECD 가입국과 비교해 봅시다(2022년 기준). 일본의 근무시간이 가장 길게 나타날 것 같지만, 연간 1,607시간으로 실제로는 세계 평균 근무시간인 1,752시간보다 적습니다. 반면 긴 휴가로 유명한 독일은 1,341시간으로 일본에 비해 266시간 짧은 것으로 나타났습니다. 하루에 8시간 근무로 계산하면, 연간 약 33일이나 더 쉬는 것입니다.

독일인의 입장에서 본다면 '역시 일본인은 일을 너무 많이 한다'라고 느낄 것입니다. 그렇지만 일본의 평균 근무시간은 OECD 가입국의 평균 1,752시간보다 145시간 적습니다. '쉬지 않는다'라는 인상이 있는 것에 반면, 생각 외로 잘 쉬고 있다고도 생각할 수 있습니다.

한편 일본과 마찬가지로 수면 시간이 짧기로 유명한 한국은 연간 평균 근무시간이 1,901시간을 웃돌고 있습니다. 이를 하루에 8시간 근무로 계산해 보면, 일본보다 36.8일 더 길게 일하는 것입니다. 긴 근무시간에 비해 짧은 수면 시간을 보내는 한국인들은 상당히 피곤하지 않을까요?

독일인은 일본인보다 많이 쉬고 있고, 수면 시간도 깁니다. 편하게 산다고 비아냥거릴 사람이 있을지도 모르겠습니다. 그러나 수치상으로 비교했을 때 피로가 쌓이지 않았을 거라고 추측할 뿐입니다. 이 부분을 염두에 두고, 다음으로 넘어가겠습니다.

쉬는 법이
다르다

지금부터는 다른 나라 사람들이 어떻게 쉬는지, 그 방법에 대해 이야기해 보려고 합니다.

표1-4는 일본인, 독일인 그리고 한국인들에게 '개인 시간이 늘어난다면 무엇을 할 것인가?'라고 질문한 결과를 나타낸 그래프입니다.

일본인들의 응답 중 가장 높은 순위는 '휴식·수면'입니다. 그 외에 늘어난 개인 시간에 하고 싶은 일을 구체적인 예를 들어 설명한 사람은 생각보다 많지 않습니다.

반면 일본보다 수면 시간이 길고 근무시간이 짧은 독일인들도 가장 높은 비율로 '휴식·수면'을 꼽았습니다. 일본보다 연간 33일이나 더 많이 쉬고 있는 독일에서도 휴일이 부족하다, 좀 더 많이 자고 싶다고 생각하는 사람이 많은 모양입니

쉬는 것은 쉬는 것이 아니다

032

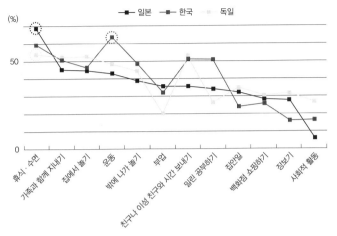

표1-4　개인 시간이 늘어난다면 무엇을 할 것인가?

출처) 마크로밀(Macromill Inc),슈에이사(集英社)의 데이터(2019년)를 기초로 작성.

다. 이걸 어떻게 해석해야 할지, 무척 어려운 문제입니다.

그보다 제가 주목하고 싶은 건 한국인들입니다. 늘어난 개인 시간에 가장 하고 싶은 걸로 '운동'을 꼽았고, 뒤이어 '친구나 이성 친구와 시간 보내기', '가족과 함께 지내기' 등을 원했습니다. 한국은 세계적으로 봐도 수면 시간은 짧고 근무시간은 긴 나라임에도 자유 시간이 주어진다면 몸을 움직이고, 친한 사람들과 함께 보내고 싶다고 대답한 것입니다. 한국인들은 운동을 하고, 가족이나 친구, 이성 친구와 함께 보내는 것 자체를 휴식으로 여기는 것이 아닐까요?

게다가 독일인들은 1위는 '휴식·수면'이었지만, 2위로는

'친구나 이성 친구와 시간 보내기'를 꼽았습니다. 역시 마음
편히 지낼 수 있는 것이야말로 진정한 '휴식'이라 생각하는 것
입니다.

일본은
'휴식 후진국'

　앞서 살펴본 바에 따르면, 일본인은 생각 외로 잘 쉬고 있고, 짧은 수면 시간을 보상하듯이 푹 쉬고 잘 자는 것을 '쉼'이라고 생각한다는 것을 알 수 있었습니다.

　그럼에도 국민의 80% 이상이 피로감을 느끼고 있다는 것은 쉬는 날이 많아도 일본인은 제대로 쉬지 못하는 게 아닐까, 혹은 '휴식'이라는 것을 제대로 이해하지 못하는 건 아닐까 하는 의문이 생깁니다.

　한때 아베 신조 전 총리가 '1억 총활약 사회[1]'라는 비전을 내세우면서 장시간 근무를 바로잡겠다는 취지의 '근로 개혁안'을 내놓았던 것을 생생하게 기억하고 있습니다. 다만, 오늘날

---

1) 2050년 이후에도 인구 1억 명을 유지하는 사회로, 2015년 10월 아베 신조 전 일본 총리가 저출산·고령화 문제 극복을 목표로 내세운 사회를 말한다.

20대 이상 국민의 80% 이상이 피로감을 호소하고 있다는 결과를 보면 성공적인 개혁안으로 보기는 어려울 것 같습니다.

국민의 대다수가 피곤한 사회, 근로 개혁안마저 효과를 보지 못한 사회, 그렇다면 "일본은 휴식 후진국이 아닐까?"라고 지적하는 사람도 있습니다.

그러나 '후진국'이라는 표현과는 좀 다르다고 생각합니다. 그도 그럴 것이 잘 알려진 건 아니지만, 후생노동성에서 이미 1960년대에부터 건강 대책의 일환으로 피로도 대책을 강구하고 있기 때문입니다. 1978년에는 '국민 건강 증진 대책'을 발표하였고, 이후 10년 주기로 제2차, 제3차, 제4차로 각각의 목표치를 내세운 대책이 마련되었습니다. 지난 2023년에는 제4차 대책이 종료된 참입니다. 여러분께는 제3차부터 내세운 '건강 일본 21'이란 슬로건이 더 익숙할지 모르겠습니다. 참고로 제5차는 2024년 4월부터 12년간 '건강 일본 21(제3차)'로 시행될 예정입니다.

한편, 제1차 국민 건강 증진 대책으로 발표된 것에는 '건강한 삶을 위한 3대 요소'가 있습니다. 다시 말해 '영양·운동·휴식'인데, "건강한 삶을 위해서는 이 3가지가 중요합니다. 여러분, 무엇보다 이 3가지를 의식하고 생활해 주세요"라고 국민들이 자신의 건강을 스스로 관리할 수 있는 가이드를 제시했습니다. 요즘 유행하는 '셀프 메디케이션(self medication)[2]'의 선구자인 셈입니다. 제가 "일본은 휴식 후진국이 아니다"

라고 말하는 이유는 이처럼 일찍부터 범국가적으로 휴식의 중요성을 언급하고 있었기 때문입니다. **다만 현실이 그것을 뒷받침하지 못했을 뿐입니다.**

2) 스스로 건강에 대한 책임을 지고, 가벼운 질병이나 부상은 스스로 처치하는 것을 뜻한다.

아직도 알려지지 않은
휴식의 중요성

'영양·운동·휴식' 중에서 제1차 국민 건강 만들기에서 가장 중요시했던 것은 바로 '영양'입니다. 제2차에서는 '운동'이 채택되면서 '액티브 80 헬스 플랜(Active 80 health plan)'으로 명명되었습니다. 그리하여 영양과 운동의 중요성은 국민들에게 깊이 인식되었습니다. 학교 교육에서도 운동은 초등학교부터 '체육'이라는 정식 과목을 통해 이뤄지고, 체육대학도 많이 찾아볼 수 있습니다. 운동 생리학이나 스포츠 영양학 등 운동에 관련된 학문도 활발하게 연구되고 있습니다. 영양적인 면도 마찬가지입니다. 초등학교 때부터 영양의 기초에 대해 배우고, 영양학을 전문적으로 연구하는 대학도 있습니다.

반면 휴식에 대해서는 특별한 대책이 마련된 적이 없습니다. 그동안 휴식에 관련된 정책은 뒤로 밀렸다고 말할 수밖에 없습니다.

휴식이 화두로 떠오른 것은 제3차부터이며, 제4차에 들어서야 간신히 휴식에 관련된 2가지 목표가 제시됩니다(**표1-5**).

하나는 수면 시간으로 충분한 휴식을 취하지 못하는 사람의 비율을 줄이겠다는 것입니다. 구체적으로는 2009년도 기준으로 18.4%였던 수면 부족인 사람의 비율을 2022년도에는 15%까지 감소하겠다는 목표입니다. 또 하나의 목표는 2011년도에 인구의 9.3%가 주 60시간 이상의 과도한 근무

표1-5 '국민 건강 증진 대책'의 역사

1980년
1978년~제1차
균형 잡힌 영양에 중점을 둔 대책

1990년
1988년~제2차
운동 습관 보급에 중점을 둔 대책

2000년
2000년~제3차(건강 일본 21)
구체적인 목표를 9가지로 나눠 설정함

2010년
2013년~제4차(건강 일본 21 제2차)
휴식의 목표치 설정
①수면 시간으로 휴식을 충분히 누리지 못한 사람의 비율을 줄인다
2009년 18.4% → 2022년도 15%
②주 60시간 이상 근무하는 사람의 비율을 줄인다
2011년 9.3% → 2020년 5%

2020년
2024년~제5차(건강 일본 21 제3차)

를 하고 있었으나 2020년까지는 5%로 줄이겠다는 것입니다. 즉 '노동시간은 줄이고, 수면 시간은 늘린다'라는 수치상의 목표가 생긴 것입니다.

그러나 이러한 대책만으로는 충분하지 않습니다. 국민 건강 증진 대책이 시작된 지 벌써 50년 가까운 세월이 지났지만, 현실은 여전히 휴식의 중요성이 전혀 알려지지 않았기 때문입니다.

예전과 크게 달라진
우리가 느끼는 피로감

 앞서 한국과 일본, 독일의 조사로 분명해졌듯이, 일본에서는 '휴식이란 아무것도 하지 않은 것' 혹은 '단순히 자는 것'으로 취급되었습니다.

 '쉬는 건 누구라도 할 수 있고, 특별한 기술이나 지식도 필요하지 않다'라는 생각이 뼛속 깊이 새겨져 있습니다. 이것이 바로 휴식이 학문으로 확립되지 못한 이유이자 범국가적으로 현실적인 대책을 세우지 못한 이유라고 생각합니다.

 그러나 지난 한 세기가 지나는 동안 일하는 방법은 크게 변화했습니다. 100년 전부터 시작된 육체노동의 시대를 지나, 오늘날에는 두뇌노동의 시대입니다.

 기계화 시스템이 도입되지 않았던 시대에는 무거운 것을 직접 옮기고, 차를 타고 장거리를 이동하는 등의 육체노동이 주를 이뤘습니다. 하루 종일 몸을 혹사하고 난 뒤, 집으로 돌아오는 길은 걸음걸이마저 터덜터덜하였습니다. 하지만 덕분에 밤에는 숙면을 취할 수 있었습니다. 그리고 아침에 일어나면 다시 일터로 향하는…… 자연 섭리에 따른 생활이 이어졌습니다.

그러나 오늘날에는 머리를 써서 작업하는 것이 중심이 되었습니다. 그 결과, 일을 마친 뒤에도 흥분·긴장 상태가 길게 이어져, 일상생활의 리듬이 깨지기 쉬워졌습니다. 이 불안정한 생활 리듬은 현대인들에게 피로의 원인이 되고 있습니다. 이 부분에 대해서는 2장에서 구체적으로 설명하겠습니다.

앉아서 하는 일이 늘다 보니 몸은 편해졌지만, **정신적으로는 피로가 쌓이는 상황이 이어졌고, 이는 결과적으로 몸에도 피로가 남게 되었습니다.**

단순히 쉬는 것만으로
피로는 풀리지 않는다

세상은 오늘도 계속해서 변하고 있습니다. 디지털이 상용화되면서 날로 기술이 새로워지고, 시시각각 변하는 세상에 대처하며 살아가기란 무척 피곤한 일입니다.

1965년에 태어난 저와 동시대를 살아가는 사람들은 동감할 것입니다. 한때는 컴퓨터라고 하는 것은 전문 지식을 공부하고 연구한 사람만이 컴퓨터 용어를 알고, 그것을 다룰 수 있었습니다. 그러다가 1995년 '윈도우95'가 출시되면서 컴퓨터의 진입 장벽이 무너지고 개인에게 보급되면서, 이제는 당연한 일상 가전으로 자리매김했습니다.

동시에 휴대전화도 급격히 빠른 속도로 퍼져 나갔습니다. 전화와 인터넷이 결합되면서 언제, 어디에서라도 일할 수 있게 되었습니다. 우리의 생활은 전보다 확실히 편리해진 것은 사실입니다. 그러나 그와 동시에 **이전과는 다른 차원의 피로감을 우리에게 가져다주었습니다.**

거래처와 주요 연락책이 되어 주던 전자메일은 하루 이틀 사이를 두고 답신을 보낼 수 있는 시스템이었으나, 채팅이 도입되면서부터는 즉시 답변을 보내야 하는 심리적 부담으로 쌓이게 되었습니다. 무엇보다 전 세계를 강타한 코로나바이러스는 온라인상의 화상 미팅을 주도했고, 그로 인해 스케줄은 켜켜이 쌓이게 되었습니다. 예를 들어 볼까요? 영업 업무를 할 경우, 이동 시간을 고려하면 방문 회의는 하루에 3건 이상 잡을 수 없었습니다. 그러나 온라인 화상 미팅이라면 하루에 6, 7건쯤은 무난히 할 수 있는 환경입니다.

하루 3건이었던 미팅이 6건으로 배로 늘어난다면, 그만큼 일의 양 또한 배로 늘어나게 됩니다. 다시 말해 지하철로 이동하는 중에 음악을 듣거나 동료와 잡담을 하거나, 티타임을 가질 만한 여유로운 시간이 사라진 것입니다. 그렇게 되면 전보다 훨씬 빨리 피곤해지고, 우울함을 느끼면서, 급기야 고립감마저 느끼게 되는 건 당연한 수순일 것입니다.

격변의 시대에 살고 있는 우리는 지금껏 해온 대로 **단순히 몸을 쉬게 하고, 잠을 자는 것만으로는 피로가 풀리지 않습니다.** 세상의 속도에 맞춰 두뇌의 활동량을 줄이고, 고독함을 위로받을 수 있는 휴식 방법을 스스로 연구해야 합니다.

피트니스 피로도 상승
이론을 이해하자

휴식을 떠올릴 때에 꼭 알아 둬야 할 이론이 있습니다. 바로 '피트니스 피로도 상승 이론'인데, 스포츠 세계에서는 잘 알려진 이론 중 하나입니다. 우선, 이 논리를 수식으로 간단히 설명하면, '자신의 체력-피로감=스스로 감당할 수 있는 운동량'이 됩니다(표1-6).

표1-6 피스니스 피로도 상승 이론

자신의 체력	—	피로감	=	스스로 감당할 수 있는 운동량

예를 들어 집에서 2~3일 느긋하게 "아, 잘 잤다"라는 기분으로 일어난 아침의 체력을 100이라고 합시다. 그러고 나서 회사에 나가 일을 하고, 20 정도의 피로감이 쌓였습니다. 피트니스 피로도 상승 이론에 대입해 보면, 지금 내가 최대로 낼 수 있는 에너지는 '100-20=80'이라는 수치가 산출됩니다. 다시 말해 피트니스 피로도 상승 이론으로 말하고자 하는 것은 피로감을 느끼는 만큼 운동량은 줄어든다는 것입니다.

프로 선수들은 실전에서 자신의 실력을 최대치로 보여 줘야 하기 때문에 피트니스 피로도 상승 이론을 자신의 훈련에 도입하고, 몸으로 느껴지는 작은 피로감도 허투루 지나치지 않습니다. '오늘은 좀 피곤하네'라고 생각하면, 몸에 부담을 주는 운동이 아닌 가벼운 스트레칭이나 마사지를 하면서 컨디션을 조절합니다.

이 책의 70페이지(피로감은 가려질 수 있다)에서 좀 더 자세히 설명하겠지만, 인간은 자신을 덮치는 피로감을 뒤로 감추고 일시적으로 잊을 수 있습니다. 따라서 쌓이는 피로를 생각하지 않고, 아침의 체력이 100이었다면 하루 종일 100만큼의 운동량을 보일 수 있을 것으로 착각합니다.

그러나 현실에서는 자신의 체력에서 피로감을 뺀 나머지만이 자신이 낼 수 있는 최대치의 역량입니다. 프로 선수든 일반인이든 이 이론을 항상 염두에 두고 생활하는 것이 무엇보다 중요합니다.

저는 걷는 쉬는 것이 아니다

무시무시한
운동 중독

　운동선수들은 훈련만큼이나 충분한 휴식을 중요하게 생각하지만, 어쩔 수 없이 훈련해야 할 때도 있습니다.

　운동선수들은 '피트니스 피로도 상승 이론'을 비롯하여 앞으로 나오게 될 제3장의 '초회복 이론'을 바탕으로 격렬한 훈련 뒤에는 반드시 일정 기간 휴식을 취하는 것으로 자신의 능력치를 최대로 끌어올립니다. 이때 **'반드시 일정 기간' 휴식을 취하는 것이 포인트입니다.** 쉬는 것만으로도 신체 능력이 한 단계 상승하게 되기 때문입니다.

　만일, 전날 훈련한 뒤에 피로가 다 풀리지 않은 상태에서 다시 훈련에 돌입한다면, 최악의 컨디션에서 다시 훈련을 시작하는 것과 같습니다(표1-7). 다시 말해 기존의 실력을 발휘하지 못하고, 떨어진 컨디션에 비례하여 실력도 떨어지는 결

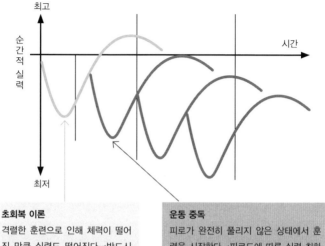

표1-7 초회복 이론과 운동 중독

초회복 이론
격렬한 훈련으로 인해 체력이 떨어진 만큼 실력도 떨어진다→반드시 일정한 재충전의 시간을 통해 실력을 업그레이드한다.

운동 중독
피로가 완전히 풀리지 않은 상태에서 훈련을 시작한다→피로도에 따른 실력 최하점에서부터 다시 시작한다→실력이 점점 떨어진다.

과를 낳습니다.

그럼에도 쉬지 않고 지속적으로 훈련을 이어 가면 어떻게 될까요? '운동 중독'으로 말미암아 실력이 저하되는 악순환에 빠지게 될 것입니다.

세계적으로 유명한 운동선수들은 격렬한 몸싸움과 라이벌과의 경쟁에서 싸워 이겨야 다음 무대에 나갈 수 있다는 심리적 초조함을 견뎌 내며 훈련을 이어갑니다. 그러다 보니 슬럼프에 빠지는 일도 심심치 않게 볼 수 있습니다. 따라서 정신

잘 쉬는 것이 아니다

적인 스트레스가 클수록 휴식에 대한 저항이 커지고, 머리로는 일정 기간 반드시 쉬어야 한다는 것을 인지하면서도 운동 중독에 빠지게 됩니다.

직장인을 위한
트레이너는 없다

매일 격렬한 경쟁 속에서 살아가는 운동선수들은 연습이라는 행위 자체만으로도 안정감이 들고, 하루치 일과를 달성했다는 성취감 또한 얻을 수 있습니다. 그렇기에 피로가 쌓여도 훈련할 동기 부여가 생겨 '연습 벌레'가 됩니다. 그러나 인간의 몸을 구조적으로 생각해 봤을 때, 충분한 휴식을 취하지 않으면 제대로 된 실력을 발휘하기란 무척 어렵습니다.

하지만 운동선수들에게는 나름의 안전장치가 있습니다. 선수의 바로 옆자리에서 날카로운 시선으로 컨디션을 체크하고, '오늘 훈련은 여기까지'라고 조언해 주는 사람, 바로 '트레이너'입니다.

마라톤 선수를 예로 들면, 트레이너는 선수가 달린 거리와 시간 등을 고려해, "오늘은 피로가 남아 있으니, 연습은 간단하게 하자"라든지, 경우에 따라서는 "오늘 연습은 그만두자"
등 선수의 컨디션에 따라 조절해 주면서, 선수들이 운동 중독
에 빠지는 것을 막아줍니다. 선수 스스로 쉴 타이밍을 놓쳤을
때도 트레이너는 선수의 상태를 적절하게 컨트롤해 줍니다.

생각해 보면 직장인의 삶도 운동선수와 크게 다르지 않습
니다. 꼭 해야 할 회사 일과 집안일, 육아나 간병 등 각각 반드
시 해야 할 책임과 의무를 짊어지고 있습니다.

단, 다른 점이 있다면 직장인에게는 곁에서 살뜰하게 봐줄
트레이너가 없습니다. 가족이나 동료가 "좀 쉬는 게 좋을 것
같아" 정도는 말해 주지만, 전문적인 조언을 해 줄 사람은 없
습니다. 그렇기에 '피로 회복을 위해 푹 쉬고 난 뒤에 다시 본
업으로 돌아가는 편이 오히려 능률적'이라고 이해하고 스스
로 페이스를 조절하지 않으면, 곧바로 운동 중독의 상황에 빠
지고 마는 것입니다.

그렇다면 효율적으로 '잘 쉬기 위해서는' 어떻게 해야 할까
요? 우선은 피로 메커니즘을 제대로 아는 게 중요합니다. 다
음 제2장에서는 어째서 사람은 피곤해지는지, 피곤함이 인간
의 삶에 얼마나 큰 영향을 주는지에 대해 구체적으로 설명하
겠습니다.

피로도 체크 리스트

- ☐ 아무리 많이 자도 졸음이 쏟아진다.
- ☐ 몸은 피곤한데, 막상 자려면 잠이 오지 않는다.
- ☐ 아침에 일어난 순간부터 피곤함을 느낀다.
- ☐ 휴일에는 해가 중천에 올 때까지 자고, 하루 종일 뒹굴뒹굴한다.
- ☐ 연차를 내기 어려운 직장에 다닌다.
- ☐ 야근은 당연한 일이다.
- ☐ 인간관계가 괴롭다.
- ☐ 육아나 간병 등으로 쉼 없이 움직이고 있다.
- ☐ 최근 들어 작은 일에도 화가 치민다.
- ☐ 눈의 피로나 어깨 결림이 있다.
- ☐ 반신욕보다 샤워를 선호한다.
- ☐ 밤에 약속이 많은데도 불구하고, 지각한 적이 없다.
- ☐ 에너지 음료나 커피를 마셔야 집중력이 생긴다.
- ☐ 성욕이 없다.
- ☐ 최근 들어 기력이나 체력이 달리는 게 피부로 느껴진다.

- **2개 이하** _ 비교적 건강한 편입니다. 컨디션의 변화가 느껴진다면, 당장 이 책을 다시 읽고 대책을 세우세요.
- **5개 이하** _ 피곤한 날이 늘어나고 있군요. 우선은 연차를 하루나 이틀 정도 내고 쉬어 보세요. 쉬는 건 결코 잘못하는 일이 아닙니다.
- **10개 이하** _ 꽤 피곤한 상태군요. 시간을 두고 푹 쉬면서 이 책에서 소개하는 대책들을 하나하나 실천해 보세요.
- **15개 이하** _ 위험 수위에 다다랐습니다. 아무리 바빠도, 지금은 일단 모든 일을 끊고 쉬는 게 중요합니다.

과학으로 증명된
피로의 정체

피로란
무엇일까요?

애당초 '피로'란 무엇일까요?

제가 소속되어 있는 일본피로학회에서는 피로를 다음과 같이 정의하고 있습니다.

'과도한 육체적 혹은 정신적 활동, 또는 질병으로 발생하는 독특한 불쾌함이나 휴식 욕구를 동반한 신체 활동 능력이 저하된 상태.'

꽤 거창한 듯이 보이지만, 잘 생각해 보면 지극히 당연한 것을 서술하고 있다는 것을 알 수 있습니다. 육체적 혹은 정신적인 활동을 한 뒤에는 나름의 활동 능력 저하가 일어납니다. 예를 들어 100미터 달리기를 한 뒤, 곧바로 같은 거리를 같은 속도로 달리는 것은 불가능합니다. 즉 몸을 움직이는 것만으로도 그 능력이 저하됩니다.

물론 정신적인 활동을 한 뒤에도 피로는 쌓입니다. 움직임 없이 가만히 앉아 있더라도 두뇌를 풀가동한다면, 그만큼 몸도 피곤합니다. 크레펠린 테스트(Kraepelin test)[3]를 받아 본 적이 있나요?

크레펠린 테스트는 30분간 한 자릿수 덧셈만을 풀면서 계산 능력, 집중력, 주의력 등을 측정하는 것으로, 기업에서 인재 채용이나 부서 배치를 하기 전, 참조 자료로 주로 시행합니다. 또는 심리학 실험에서 정신적인 부담감이 얼마나 있는지 측정할 때에 사용되기도 합니다. 크레펠린 테스트는 필기 시험으로 보는 터라 계산을 위해 연필을 잡고 움직이는 정도의 미세한 활동이 전부입니다. 그러나 테스트가 끝난 뒤에 수험자들은 모두 기진맥진한 상태가 됩니다.

진학이나 취업을 위해 면접을 보다 보면 극도의 긴장감으로 '몸이 경직될 정도로 힘이 들어가 있다'라는 것을 느낄 수 있습니다. 이렇게 정신적 활동이 육체 피로와 이어진다는 것을 알 수 있습니다.

요약하자면 몸을 움직이거나 머리를 과도하게 쓰는 것만으로도 본래의 활동 능력이 저하되는 상태, 이것이 바로 '피로'의 정체입니다.

---

3) 독일의 심리학자 에밀 크레펠린(Emil Kraepelin)이 개발한 정신과 검사로, 주로 작업 능력, 집중력, 정신적 피로도 등을 측정하는 데에 사용된다.

중병으로
이어질 수 있는 피로

그렇다면 우리는 왜 피로해질까요?

우리는 산소를 마시면서 살아가지만, 산소를 들이마셔서 발생하는 불순한 부산물도 있습니다. 이것이 바로 '산소 라디칼(oxygen radical)'이라는 활성산소(ROS, reactive oxygen species)입니다.

활성산소는 세포 조직을 손상시킵니다. 이렇게 손상된 세포를 복원하기 위해서는 복구 에너지가 필요합니다. 그 복구 에너지가 바로 ATP(아데노신삼인산)입니다. 이것은 세포 소기관의 하나인 미토콘드리아에서 만들어지며, 우리 몸을 움직이는 원동력으로 일종의 가솔린 역할을 하는데, ATP가 풍족하면 손상된 세포 또한 곧바로 원상 복구됩니다.

그러나 체내에 ATP가 고갈되면 복구 능력 또한 상실됩니다. 그로 인해 우리 몸에는 여러 가지 문제가 발생하게 되는데, 그중 하나가 바로 '피로'입니다.

피로를 방치하면 심각한 질병을 일으킬 가능성도 있습니다. '기껏해야 피로'쯤이 아닙니다. 피로는 중병으로 이어지는 중요한 징후입니다(표2-1).

인간의 몸은 크게 신경계와 내분기계, 면역계라는 3가지 제어 시스템으로 나뉘어져 있습니다. 이 3가지 기능은 상호 작용하며, 일상생활이 무너지지 않게끔 균형을 맞추고 있습니다. 가령 자율신경에 균열이 생기더라도 다른 2가지 계열이 보완해 주면서 시간을 벌어 주는 사이, 푹 휴식을 취한다

표2-1 피로감이 병으로 이어지는 경로

면 자율신경 본래의 컨디션으로 회복됩니다.

이러한 식으로 일상의 컨디션을 유지하는 것을 '항상성 (Homeostasis)'이라고 합니다. 따라서 피로의 초기 단계에서 휴식을 취한다면 아무 문제도 일어나지 않습니다. 그러나 쉬지 않고 평소와 같은 일상생활을 이어 간다면 되돌릴 수 없는 결과를 낳을 수도 있습니다.

피로를 방치하면
만성 피로가 된다

피로는 크게 3단계로 나뉘는데, 급성 피로, 아급성 피로, 만성 피로가 있습니다(**표2-2**).

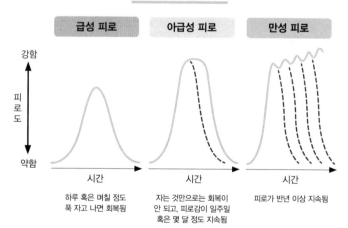

표2-2 피로의 3단계

급성 피로	아급성 피로	만성 피로
하루 혹은 며칠 정도 푹 자고 나면 회복됨	자는 것만으로는 회복이 안 되고, 피로감이 일주일 혹은 몇 달 정도 지속됨	피로가 반년 이상 지속됨

자는 것은 쉬는 것이 아니다

급성 피로는 하루 혹은 며칠 정도 푹 나고 나면 회복될 정도의 피로감을 말합니다.

아급성 피로는 자는 것만으로는 회복이 안 되고, 피로감이 일주일에서 많게는 몇 달간 지속적으로 나타나는 상태를 말합니다.

피로감이 반년 이상 이어진다면 **만성 피로라고 불리는 상태라고 할 수 있는데, 만성 피로인 상태에서 만성피로증후군으로 진행되는 경우도 있습니다.**

"만성 피로와 만성피로증후군은 같은 거 아닌가요?"라고 질문하는 사람도 있을 테지만, 두 증상은 확연히 다른 양상을 지닙니다.

만성 피로는 피로한 상태를 지칭하는 단어입니다. 피로한 원인이 분명하기 때문입니다. "격한 운동을 지속했더니"라든가 "최근 일이 좀 많았어"라는 식으로 피로한 이유가 명확할 때는 '만성 피로'라고 말합니다.

한편 만성피로증후군은 질병의 하나입니다. 뇌척수라고 불리는 중추계의 염증으로 두통이나 발열이 있고, 피로감이 반년 이상 이어집니다. 참고로 만성피로증후군이란 병명은 최근 '근육성 뇌척수염/만성피로증후군(ME/CFS, Myalgic Encephalitis/ Chronic Fatigue Syndrome)'이란 명칭으로 바뀌었습니다.

만성피로증후군만이 아닙니다. 피로는 이 외에도 여러 병증으로 나타납니다.

회복 에너지를
유지하는 방법

　세포를 회복하는 ATP의 원천은 과연 무엇일까요? 바로 음
식입니다. 지방, 단백질, 탄수화물이라는 3대 영양소로부터
ATP가 만들어집니다.

　지방, 단백질, 탄수화물이 시트르산 순환 과정(TCA cycle)
을 따라가고, 마지막으로 전자 전달 체계라는 곳에서 ATP가
생성됩니다(표2-3). 최종적으로는 지방, 단백질, 탄수화물 모
두 아세틸코에이(Acetyl-CoA)로 변환되어야 하는데, 그것은
다음과 같은 과정을 통해 진행됩니다.

- 지방→지방산→아세틸코에이
- 단백질→아미노산→아세틸코에이
- 탄수화물→포도당→피루브산→아세틸코에이

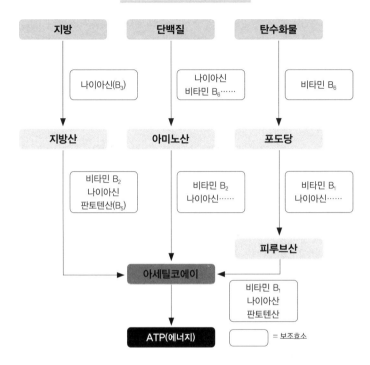

표2-3 ATP가 생성되기까지

단, 이러한 진행 과정으로 아세틸코에이가 만들어지기까지는 비타민B 계열 등의 복합 영양소가 필요합니다. 그것이 바로 보조효소(Coenzyme)입니다.

지방, 단백질, 탄수화물이 ATP의 원재료로 알려졌지만, 그뿐만 아니라 비타민과 미네랄이 부족하면 아세틸코에이는 생성되지 않습니다. 그래서 지방, 단백질, 탄수화물에 비타민과 미네랄을 더해 '5대 영양소'라고 부르는 것입니다.

'풍요의 시대'라고 불린 지 오래된 현대에는 식사의 질은 물론, 평균보다 더 충분한 양의 음식을 섭취하는 경우가 많습니다. 단백질은 적은 반면, 빵이나 밥 같은 탄수화물의 섭취량은 충분하다고 할 수 있습니다. 그러나 비타민이나 미네랄의 섭취는 부족한 게 아닌지 생각해 봐야 합니다.

참고로 3대 영양소 중 가장 중요한 건, 뇌내 신경전달물질의 원천이 되는 단백질입니다. 신경전달물질로 말하자면 노르에피네프린(Norepinephrine)[4]이나 도파민 같은 흥분 계열 물질이 유명합니다. 그 밖에도 억제 계열의 가바(GABA)[5], 조절 계열의 세로토닌(Serotonin)[6] 등이 있습니다. 특히 휴식에는 가바가 필요하고, 세로토닌에는 흥분 상태를 조절하고 진정시켜 주는 작용이 있습니다.

이와 같은 신경전달물질은 단백질을 재료로 만들어집니다. 우리가 식사로 섭취한 단백질이 체내에서 변화함으로써 가바와 세로토닌 등 휴식에 도움이 되는 신경전달물질이 생

---

4) 인체 내에서 호르몬과 신경전달물질을 포함한 기능을 하며, 스트레스 호르몬을 지닌 것으로 알려졌다.

5) γ-아미노부티르산. 뇌척수액에 포함된 중추 신경계의 중요한 억제성 신경전달물질로, 뇌의 대사와 순환 촉진 작용을 한다.

6) 모노아민 신경전달물질(monoamine neurotransmitter)로 5-HT(5-hydroxytryptamine)라고도 한다. 트립토판(tryptophan)에서 생합성 되며 위장관, 혈소판 그리고 중추 신경계에서 주로 발견된다. 세로토닌은 잘 살기(well-being)와 행복감 등을 느끼는 데 필요한 것으로 알려졌다.

깁니다. 따라서 확실하게 피로를 풀기 위해서는 일상에서 고기나 생선과 같은 단백질을 충분히 섭취해야 합니다.

단, 보조효소 없이는 아세틸코에이로 변환되지 않습니다. 그러면 ATP를 만들 수 없으며, 세포는 복구되지 않고, 피로도 풀리지 않습니다. 피로가 풀리기 위해서는 단백질과 함께 비타민과 미네랄도 신경 써서 먹어야 합니다. 한마디로 **피로 회복을 위해서는 영양 균형을 맞춰 식사하는 것이 중요합니다.**

피로감은
몸에서 보내는 경고장

　피로와 피로감은 다릅니다. 피로감은 피로가 쌓인 상태를 자각하는 감각입니다. 피로감이 생기면 '나른함'이나 '귀찮음'을 떠올리고, 아무것도 하지 않고 가만히 있고 싶다는 생각이 간절해집니다. 우리의 몸은 왜 피로감을 느끼는 걸까요?

　피로감은 "당신은 지금 상당히 피곤한 상태입니다. 이 이상 몸을 움직이면 위험해요. 지금 당장 쉬어 주세요"라고 하는 경고이기 때문입니다.

　만일 몸에서 피로감이라는 위험 신호를 보내지 않는다면, 우리는 몸과 마음을 혹사해서 결국에는 병에 걸리고 말 것입니다. 최악의 경우, 죽음에 다다를 수도 있습니다.

　동물은 피로를 느끼면 본능적으로 움직이지 않습니다. 제 반려견 미니어처 닥스훈트 종의 '치즈'는 산책을 나갔다가 피곤해지면 '더는 못 걸어!'라는 기색을 보입니다. 그러면 목줄을 아무리 당겨도 그 자리에서 움직이지 않습니다.

움직이지 않는 이유는 간단합니다. 지금은 쉬는 게 좋다는 것을 본능적으로 알기 때문입니다. 만일 야생동물이 피로가 쌓여 빠르게 달릴 수 없는데도 먹이를 찾아 어슬렁거리다가 천적의 눈에 띄면 도망치지 못해 잡아먹히고 말 것입니다. 피로가 목숨을 좌지우지한다는 것을 본능적으로 이해하는 것입니다. 피로와 피로감은 일치한다고도 할 수 있습니다. 그러나 인간은 피로라는 신호를 순순히 받아들이지 못합니다.

몸에서 울리는 경고에는 피로 외에도 2가지가 더 있습니다. 바로 통증과 발열입니다. **통증·발열·피로는 몸의 이상 상태를 알려 주는 3대 생체 경고**라고 해도 과언이 아닙니다.

병원이나 상담센터에 온 환자가 가장 먼저 호소하는 증세를 보통 '주소(主訴)'라고 하는데, 이 주소에서 가장 많은 것이 바로 통증입니다. 통증과 발열이 경고라는 것은 많은 사람이 알고 있으며, 경고가 발령되면 비교적 따르게 됩니다.

"염증이 있네. 환부를 차갑게 하고, 당분간은 뛰지 말자."

"열이 있네. 오늘은 푹 쉬는 게 좋겠어."

"배가 아프네. 아무래도 병원에 가 봐야 할 것 같아."

통증과 발열로 빚어지는 불쾌함은 참기 힘들어서 어떻게든 완화시키려는 대책을 세울 수밖에 없는 것입니다.

피로감은
가려질 수 있다

통증이나 발열과 달리 피로에 대해서는 무시하거나 경시하는 사람이 많습니다. 피로 역시 몸에서 보내는 중대한 경고임에도 무시하고, 변함없는 일상을 유지합니다. 피로가 병으로 이어지는 사인인 것을 많은 사람이 간과하는 탓입니다.

몸의 어딘가가 아프거나 열이 있을 때, 무리하게 출근을 고려하는 사람은 많지 않습니다. 아침 일찍 회사에 연락해 "두통이 심해서 오늘 하루 쉬겠습니다"라든가 "위경련이 나서 출근을 못할 것 같습니다"라든가 "열이 39도까지 올랐습니다"라고 말한다면 "푹 쉬십시오"라는 대답이 돌아올 겁니다. 혹은 "통증이 낫지 않으면 병원에 가세요"라는 말을 해 줄지도 모릅니다. 그러나 "오늘 피곤해서 쉬려고 합니다"라고 한다면, 콧방귀를 뀌며 어이없다는 반응을 내비칠 겁니다.

지는 것은 쉬는 것이 아니다

만일 '피로감은 몸에서 외치는 위험 신호'라는 것이 상식이 된다면, "피곤하다면 오늘 하루 푹 쉬어요"라고 걱정하게 될 테지만요.

우리가 피로감을 무시할 수 있는 가장 큰 이유는 **피로감을 일시적으로 '마스킹(masking)'할 수 있기 때문**입니다. 마스킹이란 무언가에 방해를 받아 가려져 나타나지 않는다는 뜻입니다. 사명감이나 일에 대한 집착, 보상에 대한 기대, 혹은 '내가 지금 나가지 않으면 다른 사람들에게 폐를 끼친다'라는 책임감 등에 의해 피로감은 가려질 수 있습니다.

이루 말할 수 없이 피곤한 상태인데도 "이번 대회에서 1등 하면 원하는 걸 하나 사 줄게"라는 말을 들었다면 보상에 대한 기대감으로 실제로 피로감은 느껴지지 않을 것입니다.

피로감을 일시적으로 잊는 것은 뇌가 발달한 인간이기에 가능한 능력입니다. 극한의 상황에서 어떻게든 해결해야 할 일을 맞닥뜨렸을 때, 어떻게든 책임을 다해야 할 때, 이 능력이 있기 때문에 위기의 순간을 헤쳐 나갈 수 있습니다.

문제는 **피로감이 마스킹되는 행동이 항상 반복된다는 점**입니다. 자신의 피로를 인정하지 않고, 충분한 휴식을 취하지 않은 채 외부 활동을 이어 가다 보면, 잠시 휴식을 취하는 것만으로 피로는 회복되지 않습니다. 피로의 축적이 시작되면 피로가 회복되기까지 예상 외로 긴 시간이 걸리거나 정말로 병에 걸리게 될 수 있습니다.

커피나 에너지 음료를
마시면 왜 기운이 날까?

피로감을 마스킹 하는 건 책임감이나 보람과 같은 정신적 요인뿐만이 아닙니다. **커피나 에너지 음료에 함유된 카페인도 피로감을 느끼지 못하도록 합니다.**

앞서 64페이지(회복 에너지를 유지하는 방법)에서는 상처받은 세포를 복구하는 에너지 ATP에 대해서 말했습니다.

의학적인 설명을 덧붙이자면, ATP는 DNA와 RNA 등 핵산의 구성 성분인 뉴클레오티드(Nucleotide)[7]의 하나입니다. 인간은 음식을 체내에서 ATP라는 에너지로 바꾸어, 그것을 사용하여 움직입니다. 이른바 인간의 몸을 움직이는 가솔린인 셈입니다.

---

7) 핵산의 구성단위로, 질소를 포함한 염기, 당, 인산이 결합한 것을 뜻한다.

우리가 활동을 통해 ATP를 점점 더 사용하면, ATP가 사용되어 분해되는 과정에서 아데노신(adenosine)이 생성됩니다. 우리 몸에는 이 아데노신에 대응하는 '수용체'가 있는데, 분해가 끝나고 남은 아데노신은 이 수용체와 합류하게 됩니다. 수용체가 아데노신과 합류한 상태에서는 각성 작용을 하는 히스타민(histamine) 방출이 억제되므로 '졸음'이 쏟아지는 것입니다.

문제는 카페인이 아데노신과 화학 구조가 닮아 있어, 아데노신이 합류해야 할 수용체에 카페인이 들어가는 것입니다. **즉 아데노신이 수용체와 결합하기 전에 카페인과 결합하는 것입니다.** 카페인이 결합된 뒤에는 히스타민의 방출 억제 기능이 없어, 히스타민이 계속 방출되기 때문에 '졸음'이라는 신호가 나오지 않습니다.

이렇게 되면 피곤이 쌓여 있어도 피로나 졸음을 느낄 수 없게 됩니다. 이것이 바로 카페인이 피로감을 억제하는 구조입니다. 따라서 커피를 마시면 졸음이 달아나게 됩니다.

피곤할 때는 에너지 음료를 마시는 사람도 있을지 모릅니다. 에너지 음료나 영양 음료에는 '○○○ 성분이 ***밀리그램 함유!' 등의 선전 문구가 쓰여 있습니다만, 주성분은 당분 그리고 카페인입니다. 그래서 커피와 같은 구조로, 일시적으로 피로를 잊게 만들어 줍니다.

번아웃이
기다리고 있다

커피나 에너지 음료를 마시면서 숨이 가쁠 정도로 바쁜 시기를 넘겨야 할 때도 있습니다. 그러나 언제까지고 그런 음료나 보조제에 기대는 건 금물입니다.

피곤함이란 개인차가 상당히 큰 영역입니다. 어느 정도까지 참고 견뎌 낼 수 있는지는 연령과 컨디션에 따라 각각 다르게 나타납니다.

'그 사람이 노력하고 있으니, 나도 열심히 노력해야지'라는 경쟁심은 버리는 것이 좋습니다. 개인차를 고려하지 않고, **피로를 외면한 채 그대로 일상생활을 영위하는 것은 당신의 몸에 상당히 위해를 끼칩니다.**

사람마다 타고나는 체질은 각기 다릅니다. 마찬가지로 수면 시간도 3시간만 자도 버틸 수 있는 사람이 있는가 하면,

10시간을 자도 여전히 피로를 호소하는 사람이 있습니다. 연령이나 성별이 같더라도 체질은 사람마다 다르게 나타납니다.

인간은 죽을 때까지 최선을 다해 살아갈 수는 없습니다. 자신의 몸에서 반응하는 피로를 무시한 채 앞만 보고 달린다면, 어느 시점에서 한계에 부딪히고 말 것입니다. 그러고 나면 '번 아웃(Burnout)' 상태에 빠진다는 것이 학계의 정설입니다.

번 아웃을 진단하는 데는 12단계가 있는데, 처음에는 자신의 존재 가치를 어떻게든 증명하고자 최선을 다해 무리를 하는 것에서부터 시작됩니다. 다음으로는 '전력 질주'나 '두문불출' 등의 단계를 거쳐 11단계에 이르러서는 우울증이 나타납니다. 그리고 마지막 단계가 번 아웃입니다.

이렇게 되면 어떤 일에도 의욕이 사라지고, 치료에도 긴 시간이 필요하게 됩니다.

피로의 근원은
스트레스다

그렇다면 우리 몸이 피로를 느끼면 어떤 변화를 일으키는지 알아봅시다. 그에 앞서 우선 **피로의 출처 혹은 피로의 '근원'이 되는 스트레스**에 대해 이야기할 필요가 있습니다.

평소 우리는 '스트레스'라는 말을 입에 달고 삽니다. 그렇다면 과연 스트레스란 무엇일까요?

> "회의 중에 하고 싶은 말을 다하지 못해서 스트레스가 쌓여."
> "러시아워의 지하철이라니, 그걸 탈 생각만 해도 스트레스야!" 등등.

이런 일상 중에 일어나는 '짜증나고, 참을 수 없는 상황'에서 정신적으로 중압감을 느낄 때마다 '스트레스'를 입에 올리고 있는지도 모릅니다.

그러나 휴식학에서는 스트레스를 폭넓게 바라봅니다. 다

시 말해 육체적·정신적 피로의 원인이 되는 모든 외부적 자극을 스트레스라고 생각합니다.

예를 들어 더위와 추위처럼 아주 단순한 감정 또한 스트레스가 될 수 있고, 결혼이나 승진 같은 일반적으로 기쁘고 흥분되는 일로 간주되는 에피소드도 나의 생활에 큰 변화를 준다는 의미에서 스트레스로 다가올 수 있습니다. 그리고 스트레스를 주는 요인을 '스트레서(Stressor)[8]'라고 합니다. 스트레서는 다음과 같이 크게 5종류로 구분할 수 있습니다.

- 물리적 스트레서
- 화학적 스트레서
- 심리적 스트레서
- 생물학적 스트레서
- 사회적 스트레서

이중 '심리적 스트레서'와 '사회적 스트레서'를 합해서 하나의 스트레서로 간주할 때도 있습니다.

---

8) 스트레스의 원인이 되는 물리 화학적·정신적·사회적인 요인을 통틀어 이르는 말이다.

우리는 스트레서에
둘러싸여 있다

5종류의 스트레서를 구체적으로 분석하면 다음과 같습니다(표2-4).

표2-4 스트레서 5종류

물리적 스트레서	더위, 추위, 소음, 혼잡, 진동
화학적 스트레서	공해, 약물, 화학 물질
심리적 스트레서	불안, 긴장, 분노, 비관
생물학적 스트레서	세균, 감염, 곰팡이
사회적 스트레서	가족 관계, 친구 관계, 인간관계

앞서 57페이지(피로란 무엇일까요?)에서 '몸을 움직이거나 머리를 과도하게 사용해서 활동 능력이 떨어진 상태가 피로

이다'라고 했습니다. 그렇다면 스트레서가 어떤 식으로 활동 능력을 떨어뜨리는지 살펴보겠습니다. 예를 들어 100미터 달리기를 한다면, 몸은 열을 내기 때문에 물리적 스트레서의 '더위'가 스트레스가 되어 피로의 원인이 됩니다. 또한 운동을 하면 체내에 활성산소가 발생하기 때문에 이것은 화학적 스트레서의 일종이 됩니다.

수학 시험이나 면접 등은 그 자체가 심리적 스트레서의 '불안'과 '긴장'에 해당될 뿐 아니라 두뇌를 풀 회전시키면서 체내에 열이 생겨 노폐물이 발생합니다. 이건 화학적 스트레서에 해당합니다.

어떤가요? 생각보다 넓은 범위에 걸쳐 우리를 피로하게 하는 스트레서가 존재하는 것을 알 수 있습니다. 특히 현대 사회에서는 매일의 삶이 스트레서에 둘러싸여 있다고 해도 과언이 아닙니다.

피로를 낳는
5가지 스트레서

5가지 스트레서를 순차적으로 설명해 보겠습니다.

물리적 스트레서

춥고, 덥고, 시끄럽고, 인파에 질리고, 햇살에 눈이 시리는 등 육체에 물리적인 스트레스를 주는 것입니다.

보통 추위나 더위, 소음 등이 피로의 원인이 되는 스트레스라고 생각하는 경우는 별로 없습니다. 그러나 불볕더위가 기승을 부리는 여름, 외출하고 돌아온 순간 "아, 피곤하다"라고 느끼는 사람은 많을 것입니다.

땀을 통한 체온 조절은 자율신경의 일입니다. 다시 말해 우리 몸은 추우면 모공을 닫아 땀이 나는 것을 억제하고, 더우면 모공을 통해 땀을 내보내 체내 열을 방출합니다. 이것은

저는 것은 쉬는 것이 아니다

우리 의사와는 관계없이 자율신경이 알아서 조절해 주지만, 거기에도 에너지를 소비하기 때문에 우리 몸에는 피로가 쌓이게 됩니다. 그러니 기압의 변화나 습도, 추위나 더위로 인해 피로를 느끼는 것은 당연한 일입니다. 특히 현대에는 한여름에 뜨거운 햇살 아래와 냉방 시설이 완비된 실내를 여러 차례 오가게 됩니다. 기온차가 큰 만큼 자율신경은 한층 더 바쁘게 활동하고 그만큼 피곤합니다.

만일 피부에 닿는 실외 기온이 항상 28~30도 정도라면, 사람은 옷을 입지 않고 맨몸으로 생활하는 것이 가능합니다. 덥지도 춥지도 않은 환경에서 생활할 수 있다면 기온 스트레스는 없겠지만, 안타깝게도 현실적으로는 대단히 어려운 일입니다. 인간에게 가장 쾌적한 환경은 옷과 피부 사이의 이른바 '의복 내 기온'인 32도 전후, 습도는 50% 전후가 가장 적절합니다. 그런 환경에 있다면 사람의 체온을 37도 정도로 유지할 수 있습니다.

화학적 스트레서

공해, 약물, 화학 물질이 주는 스트레스입니다. 알코올 혹은 약물의 부작용, 담배의 니코틴 등이 포함됩니다. 산소 부족이 되거나, 반대로 산소를 과도하게 들이마시는 것도 스트레스의 원인이 됩니다.

심리적 스트레서

불안이나 긴장, 실망, 슬픔 등과 같은 스스로 느끼는 감정으로 빚어지는 스트레스입니다. 가능한 한 피하고 싶지만, 전혀 경험하지 않고 살아가는 사람은 아마 없을 것입니다.

앞서 말한 바와 같이 결혼이나 승진, 진학 등 일반적으로 자신을 향상시키는 일이라도 본인에게는 스트레스로 다가오는 경우가 있습니다. 그밖에도 일이나 학업으로 성취해야 하는 목표나 할당량도 심리적 스트레서가 될 수 있습니다. 자존감에 상처를 입는 것도 심리적 스트레서의 일종입니다.

생물학적 스트레서

신종 코로나바이러스로 대표되는 **바이러스나 세균** 등입니다. 꽃가루 알레르기의 원인이 되는 삼나무 꽃가루도 이에 속합니다.

사회적 스트레서

우리가 직관적으로 스트레스로 인식하는 것에는 이 '사회적 스트레서'가 가장 많을지도 모릅니다. **가족 관계, 친구 관계와 같은 인간관계나 돈과 같은 경제적 문제가 불러오는 스**트레스입니다.

이렇게 많은 스트레서가 있는 한, 스트레스를 없앨 방법은

저는 걱정 하는 것이 아닙니다

없습니다.

　물론 스트레스가 인간에게 악영향만 미친다고 단정 지을 수는 없습니다. 스트레스가 살아가는 원동력이 되는 경우도 있고, 스트레스 없이는 인내하는 힘을 기를 수 없습니다.

　문제는 과도한 스트레스입니다.

　우리 마음이 고무공처럼 되어 있다고 상상해 보세요. 고무공을 손가락으로 세게 누르면 공이 푹 눌립니다. 이때 공에 외부에서 가해진 힘은 스트레스입니다. 스트레스를 받은 공은 모양이 변하지만, 공에는 밖에서 가해진 힘을 내부에서 밀어내려는 힘이 있습니다. 내부에서 밀어내는 힘을 스트레스 내성이라고 말합니다.

　우리의 몸과 마음에는 어느 정도 스트레스에 대한 내성을 갖추고 있으며, 스트레스 내성은 강하게 단련시킬 수 있습니다. 밀어내는 힘이 강해지면 가벼운 스트레서에는 금세 원상복구할 수 있게 됩니다. 즉 탄성이 좋은 공은 금세 원래의 모습으로 돌아오는 것처럼 말이지요.

　그러나 몸 상태가 나쁠 때는 공의 공기압이 낮아지는 것과 같아서 외부의 힘에 지는 경우도 있습니다. 혹은 지금까지 경험하지 못한 강력한 스트레스는 자신이 지닌 스트레스 내성만으로는 버텨 내기 힘들 수도 있습니다.

스트레스가 쌓이면
면역력은 떨어진다

극도의 스트레스에 노출되면 우리 몸은 여러 변화를 일으 킵니다.

우선 뇌의 시상하부(視床下部)[9]에서 스트레스를 감지합니 다. 그 반응은 뇌하수체를 지나는 내분비계열과 척수를 지나 는 자율신경계로 나뉘어 나타납니다(표2-5).

내분비계도 자율신경계도 직접적으로는 부신(副腎)에 영 향을 줍니다. 부신은 신장 위에 있는 작은 장기로, 마치 만두 와 같이 이중 구조로 되어 있습니다. 만두피에 해당하는 부분 을 '부신피질'이라 하고, 안쪽 만두소에 해당하는 부분을 '부 신수질'이라고 합니다.

---

9) 시상 아래의 뇌하수체로 연결되는 부분으로, 다양한 기능을 가지는 신경핵들로 구성되어 있다.

자는 것은 쉬는 것이 아니다

표2-5 스트레스 반응 경로

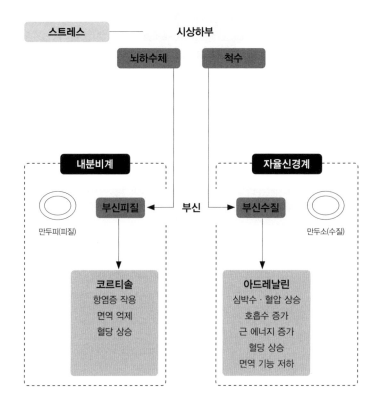

내분비계는 우선 뇌하수체에 영향을 줍니다. 뇌하수체는 전신의 호르몬을 조절하는 역할을 하고, 몸속의 여러 기능을 조절합니다. 이 뇌하수체의 지시에 따라 각각의 호르몬이 제 기능을 합니다.

호르몬은 간단하게 말하면, 우리 몸에서 일어나는 변화를 조절하고, 몸을 항상 일정한 상태로 유지하는 연락망입니다. 이 연락망은 혈액을 타고 원하는 목적지로 운반됩니다. 호르몬은 생명 기능을 유지하기 위한 중요한 물질입니다.

내분비계에서는 **스트레스가 쌓이면 만두피에 해당하는 부신피질에서 코르티솔(cortisol)이라는 호르몬이 분비됩니다.** 코르티솔은 항염증 작용을 일으키는데, 항염증 작용이란 염증 발생을 억제하는 것을 뜻합니다. 그렇다면 '몸에 좋은 것이 아닌가?'라고 생각할지도 모르겠습니다만, 꼭 그런 것만은 아닙니다.

염증이 일어난다는 것은 체내에 침투한 세균이나 바이러스를 제거하기 위해서입니다. 유해한 세균이나 바이러스를 죽이기 위해 열이나 종기 같은 염증이 일어나면, 면역 기능이 작동합니다. 즉 염증은 면역이라는 생체의 방어 반응으로, 몸 속에서 일어난 화재나 다름이 없습니다. 예를 들어 피부에 문제가 생긴 경우, 사이토카인(Cytokine)[10]이란 단백질이 열을 발생하거나 간지러움, 통증 등을 일으킵니다. 사이토카인은 "이봐, 여기에 염증을 만든 원인이 있다고!"라는 사인을 보내는 세포 연락망이기도 합니다.

그러면 면역 물질은 이 상황을 수습하기 위해 소방사가 되

---

10) 혈액 속에 함유되어 있는 면역 단백질 중의 하나로 주로 세포 신호화에 중요한 역할을 한다.

어 화재 진압을 위해 동분서주합니다. 면역은 방어 반응으로 염증을 일으키면서 그 염증을 스스로 억누르는 2가지 기능을 수행합니다.

그러나 코르티솔의 항염증 작용은 이러한 사이토카인의 움직임을 방해합니다. 그 결과 열이나 간지러움, 통증은 일단 멈추지만, 동시에 몸에서 일어난 화재 신고 또한 막아서 면역 자체가 반응할 수 없게 됩니다. 그로 말미암아 염증의 불씨가 방치되는 결과를 낳게 합니다.

게다가 더 최악인 것은 코르티솔 수치가 높아지면 테스토스테론이나 에스트로겐 같은 젊음이나 건강함의 원천이 되는 '호르몬 성분'인 DHEA가 감소합니다. 한마디로 스트레스를 받으면 건강을 잃게 되는 것입니다.

스트레스가 원인이 되는 피로의 이유 중 하나에는 이런 구조가 있습니다.

피로를 방치하면
내분비계 질환으로
이어질 수 있다

피로가 축적되어 만성 피로가 되면 내분비계에서는 어떤 일이 일어날까요?

대사를 담당하는 주요 부위는 간, 근육, 뇌, 신장, 췌장 등이지만, 피로가 축적되어 내분비계에 이상 현상이 일어나면, 내분비계 대사 작용을 돕는 호르몬의 이상이 나타납니다.

내분비계 질환에는 당뇨병, 고지질혈증, 통풍 등 여러 종류가 있지만, 이 질환들은 모두 호르몬 분비가 제대로 이뤄지지 않아 발생합니다. 물론 피곤하다고 해서 이러한 증상이 곧바로 나타나는 것은 아니지만, 내분비계의 질환을 좀더 쉽게 설명하기 위해 간단한 예를 들어 보겠습니다.

여성은 중년이 되면, 건강 검진 등에서 '콜레스테롤이 높다'라는 결과를 받는 경우가 많습니다. 콜레스테롤이 높다는

쉬는 것은 쉬운 것이 아니다

것은 지질대사가 잘 이뤄지지 않기 때문으로 '고지질혈증에 주의하세요'라는 예고장과 같습니다.

이는 나이가 들수록 여성 호르몬인 에스트로겐이 감소하여 나타나는 것으로, 혈중 HDL콜레스테롤(좋은 콜레스테롤)이 줄어들면서 생깁니다. HDL콜레스테롤에는 LDL콜레스테롤(나쁜 콜레스테롤)과 중성 지방을 혈관 밖으로 내보내는 역할이 있는데, 이 기능이 저하되면 LDL콜레스테롤이 늘어나게 됩니다. 이것이 바로 호르몬 균형이 깨지면서 생기는 내분기계의 이상 질환입니다.

스트레스로 혈당이
높아질 수 있다

대사 질병이라고 하면 '당뇨병'을 떠올리는 사람도 많을 것입니다. 당뇨병에는 제1형과 제2형이 있습니다. 제1형 당뇨는 췌장에서 혈당치를 낮추는 인슐린이 만들어지지 않아서 생기는 경우입니다. 이에 해당하는 분들은 인슐린 주사를 맞는 것 말고는 다른 치료 방법이 없습니다.

제2형 당뇨는 과식이나 비만 등이 원인으로 인슐린이 부족해지고, 그로 인해 혈액 속으로 당이 많이 흘러들어 당을 분해하지 못하는 생활습관형 당뇨병입니다.

그 외에도 스트레스로 인해 혈중 혈당치가 높아지면서 생기는 경우도 있습니다. 인슐린 저항성이 생겨 혈당치를 낮추는 힘이 약해졌기 때문입니다.

사실 당이란 자체가 몸에는 스트레스 요인이 되기도 합니다. 물론 살아가는 데는 필요한 것이지만, 요즘 같은 과식의 시대에 우리는 당을 과하게 섭취하고 있습니다. 따라서 혈당치가 높은 상태가 쭉 이어져서, 우리 몸의 단백질과 당이 결합해 버리는 것입니다. 이것은 몸에 해롭습니다.

핫케이크를 구우면 먹음직스러운 갈색으로 변합니다. 이것을 '마이야르 반응'이라고 하는데, 핫케이크의 성분에 들어있는 당과 단백질에 열이 가해져 결합될 때에 나타나는 현상입니다. 당과 단백질이 결합하는 것을 '당화(糖化)'라고 하는데, 이것이 우리 몸속에서도 일어납니다.

당화한 단백질은 체온으로 몸이 따뜻해지면 AGEs(최종당화산물)이 되는데, 이건 세포 자체가 노화되어 재생이 불가능한, 마치 쓰레기와도 같은 단백질입니다. 최종당화산물이 몸속에 쌓이면 피부색이 어두워지거나 동맥경화증이 일어날 수 있습니다.

따라서 이러한 악영향이 나타나는 것을 방지하기 위해 당 자체를 절제하거나, 식사 할 때는 야채처럼 GI(Glycemic Index)[11]가 낮은 음식부터 먹는 식사 습관을 들이면 혈당 관리에 도움이 됩니다.

최근에는 'GI'가 낮은 빵이나 과자를 파는 곳이 여기저기 생기고 있으니, 잘 활용해 보기 바랍니다.

---

11) 음식을 섭취한 뒤 혈당이 얼마나 빠르게 상승하는지를 0부터 100까지 숫자로 나타내어 식품이 혈당 수치에 미치는 영향을 나타내는 지표다.

자율신경계의 변화로
알아보는 피로도

지금까지는 스트레스가 내분비계에 어떤 영향을 미치는지에 대해 알아봤습니다. 그렇다면 자율신경계에는 어떤 영향을 미칠까요?

자율신경이란 본인의 의지로는 조절할 수 없는 혈류나 장기의 활동을 활성화하는 신경을 뜻합니다. 자율신경은 교감신경과 부교감신경의 2종류가 있습니다.

교감신경과 부교감신경의 차이점에 대해서는 차차 설명할 테지만, 여기서는 '긴장·흥분을 관장하는 교감신경', '휴식을 관장하는 부교감신경'으로 이해해 두기 바랍니다.

우선 스트레스가 쌓이면 부신에 영향을 준다는 것은 내분비계와 동일합니다.

앞서 84페이지(스트레스가 쌓이면 면역력은 떨어진다)에서 부신은 만두처럼 겉과 속이 나뉘어 있다고 설명했습니다. 부신의 안쪽 부신수질에서는 아드레날린이 나옵니다. 아드레날린이 나오면 자율신경 중 흥분이나 긴장을 일으키는 신경으로 알려진 교감신경이 상승하여 심장이 두근거린다거나 혈압이 올라갑니다.

이러한 과긴장 상태가 오래 지속되면, **여러 가지 부조화가 몸의 곳곳에서 나타납니다.**

따라서 피로를 전문으로 진찰하는 의사가 가장 먼저 주목하는 것은 다름 아닌 자율신경의 변화입니다. 피로의 시그널이 그 어디에서보다 먼저 나타나기 때문입니다.

눈의 피로와 어깨 결림도 그중 하나입니다. 교감신경이 우세해지면서 눈이 피로하거나 어깨가 결리는 것은 근육이 긴장하기 때문입니다. 혈관 주위에는 촘촘하게 근육이 붙어 있는데, 이 근육이 긴장하면 혈관이 수축되어 혈관이 가늘어집니다. 그래서 혈류의 흐름이 평소보다 급격히 나빠지고, 눈의 피로나 어깨 결림과 같은 근육통을 유발하는 것입니다.

그밖에도 자율신경이 흐트러지면 불안함과 초조함으로 잠을 이룰 수 없어지고, 집중력이 저하되며, 두통이나 권태감, 이유 없는 짜증이나 피로감, 식욕 부진 등의 증세를 호소하게 됩니다.

이와 같은 증세는 '검사 수치에는 이상이 없지만 본인이 스스로 이상을 느끼는' 것으로, 이른바 '부정 수소(不定愁訴)[12]'라고 불리기도 하는데, '피로'의 신호로 볼 수 있습니다.

자율신경을 알면
피로 회복에
더 가까워진다

자율신경은 앞으로 이야기할 피로 회복을 위해 무척 중요한 요인이라 좀 더 구체적으로 알아 둬야 할 필요성이 있습니다. 그에 앞서 **서캐디언리듬**(Circadian Rhythms)[13]을 먼저 설명해야 합니다.

인간의 몸은 지구가 태양 주위를 한 바퀴 돌면서 천체 리듬을 따르듯이, 24시간 주기로 움직입니다. 다시 말해 해가 떠 있는 낮에는 활동하고, 밤에는 잠을 자는 것입니다. 이것이 바로 서캐디언리듬입니다. 인간 사회도 그 리듬에 맞춰 많은 사람이 낮에는 일하고, 밤에는 잠자리에 듭니다(야간에 근무하는 직종이나 심야 영업을 하는 가게 등 예외도 있습니다).

---

13) 24시간 주기로 되풀이되는 생리적 리듬이다.

어째서 인간은 아침에 눈을 떠서 저녁이 되면 잠이 오냐고 묻는다면, 인간의 몸에는 생체 시계라든가 체내 시계라고 불리는 것이 장착되어 있기 때문입니다. 그런데 이것이 24시간 주기가 아니라 어째서인지 25시간 주기로 움직입니다. 그래서 실험을 위해 햇빛이 조금도 들어오지 않는 깜깜한 방에서 계속 생활해 보니, 자연스레 매일 아침 눈이 떠지는 시간이 조금씩 뒤로 밀리는 것을 알 수 있었습니다.

그러나 일상생활을 영위하다 보면 내 마음대로 시간을 조정하는 것은 어려운 일입니다. 그도 그럴 것이 생체 시계가 매일 아침 햇볕을 받으면 24시간 주기로 재설정되기 때문입니다. 태양빛이 워낙 강해서 구름이나 비가 내리는 날에도 재설정됩니다. 이 재설정 버튼을 누르는 것이 다름 아닌 자율신경입니다.

자율신경이란 24시간 주기로 우리 몸을 그 시간대 최적의 상태로 자동으로 조정하는 신경이라고도 할 수 있습니다.

우선 아침에 일어나면 교감신경이 우위에 있게 됩니다. 교감신경은 흥분·긴장의 신경이라서 교감신경이 우위가 되면 혈압이 오르고, 심박수가 빨라지고, 근육은 긴장해, 동공이 확장하면서 땀을 흘립니다. 교감신경이 우위가 된다는 것은 적의 공격을 받아 전투태세를 갖추는 것과도 같습니다. 즉 무슨 일이 생기면 곧장 대응하거나 도망칠 수 있도록 혈압이 오르고, 심장이 빨리 뛰는 것입니다.

또 한편으로는 교감신경이 우위에 있을 때는 돌발적으로 일어나는 어떠한 상황에도 대처할 수 있는 몸 상태를 갖추고 있어야 하기 때문에 장의 연동운동 같은 소화기관의 움직임을 억제합니다.

그리고 교감신경은 점심쯤 최고조에 이르렀다가 서서히 그 활동이 저하됩니다. 그러다가 저녁때가 되면 이번에는 이완 신경인 부교감신경이 우위가 될 차례입니다(표2-6). 부교감신경이 우세해지면 심장은 강하게 고동칠 필요가 없어져 서서히 뛰게 됩니다. 근육은 이완 상태가 되고, 혈관은 느슨하게 넓어져 혈압이 떨어집니다.

표2-6 교감신경과 부교감신경의 활동(예)

교감신경			부교감신경
긴장		이완
상승	⬅ 혈압 ➡	하강
수축	⬅ 혈관 ➡	확장
촉진	⬅ 발한 ➡	억제
빠름	⬅ 심장 ➡	서서히
천천히	⬅ 위장 ➡	활발한

밤이 되면 낮 동안 교감신경 활동에 눌려 충분히 움직이지 못했던 연동운동이 일어납니다. 그리하여 다음 날 아침, 배변으로 이어지는 것입니다.

반대로 말하면, 밤사이 장이 연동운동을 제대로 수행하지 못한다면 다음 날 아침, 만족스러운 배변으로 이어지기 어렵습니다. 여행지에서 변비에 걸리는 이유는 잠을 자는 동안에도 긴장하기 때문에 부교감신경이 작동하지 못한 탓에 연동운동이 제대로 이뤄지지 않은 까닭입니다.

다시 아침이 되면 부교감신경은 가라앉고, 이번에는 교감신경이 다시 우위가 됩니다. 이렇게 교감신경과 부교감신경은 역위상으로 12시간마다 교체하게끔 설계되어 있습니다.

이런 논리로 생각해 본다면, **푹 쉬기 위해서는 밤에 부교감신경이 우위에 있어야 한다**는 것을 알 수 있습니다. 그런데도 직장에서 걱정거리가 생기거나 짜증이 나면, 잘 시간이 지났어도 교감신경이 우위에 있어 과긴장 상태가 이어져 제대로 이완할 수 없게 됩니다. 다시 말해 자율신경이 교란된 상태가 이어져 앞서 말한 것처럼 어깨 결림이나 눈의 피로와 같은 증세가 나타날 것입니다. 그리고 피로가 더 쌓이면 불면증이나 변비 등의 증세가 나타날 수도 있습니다.

10대 후반, 자율신경이
최고조에 이르다

　자율신경은 '자율'이란 말에서도 알 수 있듯이, 우리가 의식하지 않아도 자율적으로 활성화되는 것이지만, 나이 듦에 따라 체력이 저하되듯이 자율신경의 활동 능력 또한 저하됩니다.

　교감신경의 가장 높은 지점과 가장 낮은 지점의 폭과 부교감신경의 가장 높은 지점과 가장 낮은 지점의 폭을 더한 것을 '자율신경 총량'이라고 합니다. 총량이 어느 정도인지는 심박수 변동을 계측하여 해석할 수 있습니다.

　자율신경의 총량이 최고조로 이르는 때가 언제인지 아십니까? 실은 10대 후반에서 20세까지로, 일찌감치 그 최대치를 달성합니다. 40대에는 반토막이 나고, 60대에는 4분의 1이 남습니다. 생각해 보세요. 표2-6에서 보이는 것처럼, '교감신경과 부교감신경이 만드는 역위상의 곡선'이 완만하고 평평하게 변하여 위아래 곡선의 차가 좁혀지는 것입니다.

가능하면 그 곡선의 정점(저점)을 가능한 높게(낮게) 유지하는 것이 피로 회복의 기술입니다.

그러나 나이가 듦에 따라 자율신경의 활동량이 떨어지는데는 개인차가 있고, 무엇보다 중요한 것은 **교감신경이든 부교감신경이든 어느 한쪽이 지나치게 우위가 되지 않도록 균형이 잡혀 있는 것입니다.**

가장 바람직한 상황은 교감신경과 부교감신경이 고루 10점 만점을 받는 것이지만, 교감신경 10점, 부교감신경 6점으로 합계가 16점이 되는 것보다 교감신경 8점, 부교감신경 8점으로 합계가 16점이 되는 편이 훨씬 좋습니다. 어느 한쪽으로 치우치게 되면 건강상의 적신호가 켜질 수 있기 때문입니다.

교감신경과 부교감신경의 관계는 흔히 자동차의 액셀러레이터와 브레이크에 비유됩니다. 교감신경은 액셀러레이터로 신체의 흥분과 긴장감을 주는 힘이고, 부교감신경은 자동차의 브레이크처럼 신체 활동을 멈춰 쉬게 만드는 힘입니다.

교감신경과 부교감신경의 균형 맞추기

　교감신경과 부교감신경의 균형을 맞추는 게 왜 중요할까요? 쉽게 설명하면 빠른 속도로 달리는 차가 멈춰서야 할 때, 브레이크가 고장 난 상황이 펼쳐지기 때문입니다. 하루 종일 질주한 뒤에는 확실하게 브레이크를 밟아 푹 쉴 수 있는 환경을 만들어 줘야 하는데, 브레이크가 고장 나서 잠을 얕게 자거나 긴장이 풀리지 않는 상태가 유지된다면, 피로는 풀리지 않습니다.

　반대의 상황도 마찬가지입니다. 교감신경의 활동이 약하면, 가속이 약해 속도가 나지 않는 상황에서 브레이크를 밟아 앞으로 나아가지 못합니다. 다시 말해 일상이 권태롭고 건강하지 못한 상태가 지속되는 것입니다. 이 또한 일종의 '피로'입니다.

교감신경의 활동이 점점 약해지면 순환기계의 조절이 나빠지고, 기립조절장애와 같은 질병으로 이어집니다. 이것은 젊은 층이나 아이들에게 자주 나타나는 증세로 이른 아침, 눈이 떠지지 않거나 자리에서 일어나는 게 무척 힘이 듭니다. 간신히 몸을 추슬러 일어난다 해도 현기증이 일어 비틀거립니다.

따라서 교감신경과 부교감신경 어느 쪽으로든 치우지지 않는 것이 바람직하고, 한쪽이 우위에 있지 않도록 건강한 생활습관이 무엇보다 중요합니다. 그것만으로도 피로를 예방할 수 있습니다.

자율신경이 흐트러지는 유형은 다음 4가지로 나눠 생각해 볼 수 있습니다. 피로를 쌓는 4가지 유형이라고도 할 수 있습니다. 자신은 어느 유형인지, 이후 이어지는 설명을 읽으면서 생각해 봅시다.

【A】 액셀러레이터와 브레이크의 균형이 완벽한 '이상적인 유형'

【B】 브레이크가 고장 난 '일개미 유형'

【C】 액셀러레이터가 고장 난 '배짱이 유형'

【D】 액셀러레이터와 브레이크 모두 고장 난 '녹초 유형'

4가지
피로 유형

【A】 액셀러레이터와 브레이크의 균형이 완벽한 '이상적인
유형'

A유형은 **교감신경과 부교감신경이 모두 강한 아주 이상적
인 유형**입니다. 이 유형의 사람들은 아침에는 교감신경이 높
이 올라갔다가, 저녁이 되면 급격히 떨어집니다. 부교감신경
은 그와 상반된 그래프 곡선을 그리면서 어느 한쪽으로 쏠리
지 않습니다.

이 유형의 사람들은 낮에는 최선을 다해 활동하고 저녁이
면 푹 쉬기 때문에 일시적인 피로를 호소할 수는 있어도 그
피로가 오래 가지는 않습니다. 지금의 생활 방식을 쭉 이어가
도 큰 문제가 없습니다.

【B】 브레이크가 고장 난 '일개미 유형'

대개의 현대인들에게 가장 많은 것이 '교감신경이 강하고, 부교감신경이 약한' B유형일 것입니다. 이 유형은 한마디로 '일개미 유형'이라고 할 수 있습니다. 교감신경의 작용이 강해서 혈압이나 맥박도 점점 오르고, 최선을 다해 생활합니다. 그러나 인간이기에 이 상태로 쭉 지낼 수는 없기 때문에 제풀에 꺾이지 않도록 의무적으로라도 쉬어 줄 필요가 있습니다.

부교감신경이 약하게 나타난다는 것은 쉬는 것에 서투르다는 뜻입니다. 규칙적으로 생활하고, 해가 지고 나면 부교감신경을 높이는 데에도 신경을 써야 피로가 풀립니다.

B유형은 매사 활기에 차서 행동하기 때문에 퇴근길에 피트니스 센터로 향해 밤 10시, 11시까지 격렬한 운동을 하기도 하는데, 이는 건강에 무척 해로운 일입니다.

저는 항상 "피트니스 센터에 간다면 퇴근 후가 아니라 출근하기 전에 가는 편이 좋습니다. 물론 퇴근 뒤에 가는 편이 마음은 편하겠지만, 퇴근 뒤에 간다면 좀 더 이른 저녁에 가는 것을 추천합니다"라고 조언합니다. 밤 10시나 11시는 본래라면 부교감신경이 한창 활성화하는 시간대로, 우리의 몸은 이미 잠자리에 들어가고 싶은 시간대입니다. 그런 때에 운동을 하면 교감신경이 자극되어 잘 준비를 방해하기 때문에 아무래도 잠을 쉽게 이루기 어렵습니다.

참고로 자기 전에 뜨거운 물로 반신욕을 한다거나 뜨거운

물로 샤워를 하는 것도 금물입니다. 교감신경을 높이고 심부체온을 높여 잠자리에 악영향을 미칩니다. 심부체온이 높은 채 인간은 잠을 잘 수가 없습니다. 흔히 '아기들이 잠투정할 때는 손발이 따뜻해진다'라고들 하는데, 이는 몸의 중심부에 있던 혈액을 몸의 바깥쪽, 즉 손과 발의 표면 근처로 이동시키기 때문입니다. 손발 표면에 몰린 혈액은 바깥 기온으로 체온을 빼앗기기 때문에 심부체온이 떨어지고, 그로 인해 잠들 수 있는 환경을 만들어주는 것입니다.

어른도 마찬가지로 잠잘 때는 몸의 중심부 체온을 낮춰야 하는데, 자기 전에 뜨거운 물로 샤워를 하거나 반신욕을 한다면 중심부의 체온이 크게 올라 잠을 잘 수 없게 됩니다. B유형은 특히나 샤워나 반신욕은 잠자기 2~3시간 전, 미지근한 물로 하는 것이 좋습니다.

[C] 액셀러레이터가 고장 난 '배짱이 유형'

활동적이지 않고, 아침부터 몸이 나른하여 움직이는 게 힘든 유형입니다. "귀찮아", "의욕이 없어"라고 말하는 경향이 있지만, 부교감신경이 우위에 있고 교감신경이 약해진 상태라 힘을 내려 해도 낼 수가 없습니다.

C유형의 사람은 뭘 해도 흐지부지한 상황이 되고, 삶과 일에 명확한 구분 또한 되지 않습니다. 낮에 자주 눕는 것도 C유형의 특징 중 하나입니다.

C유형은 스스로 의식해서 속도감을 가지고 움직이거나 할 일을 찾아 계획을 세워 보는 등 삶 속에서 활기를 찾아봅니다. 그렇다고 무리하게 계획을 잡으면 오히려 스트레스가 쌓이기 때문에 자발적으로 할 수 있을 만큼의 계획을 세우는 것이 중요합니다. 스스로 "이건 해 볼 수 있어"라고 정하고 이를 실행에 옮기면 그에 따라 교감신경이 작용하게 됩니다.

아침에 일어나서 커튼을 열고 온몸으로 햇살을 받아들이면 교감신경 또한 하루를 시작합니다. 그러므로 아침에는 온몸에 따뜻한 햇살을 받는 것을 추천합니다.

표2-7 4가지 피로 유형

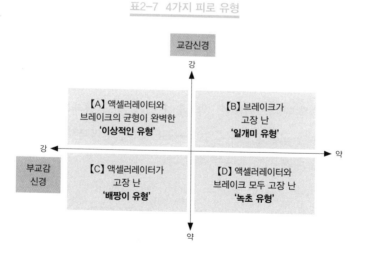

D유형은 교감신경도 부교감신경도 모두 낮은 사람입니다. 액셀러레이터와 브레이크 모두 제 기능을 못하기 때문에 자신의 기량을 최대로 펼치지 못하고, 피로도 풀리지 않습니다.

교감신경이 약해서 장시간 정력적으로 활동할 수 없고, 장기간 유지하기도 어렵습니다. 뿐만 아니라 부교감신경도 약해져 있어 피로 회복을 할 기력도 없습니다. **이렇다 할 활동을 하지 않아도 금세 피곤해지고 여간해서는 회복되지도 않는, 피로가 계속 쌓여 있는 상태입니다.** 운동 중독이 되면(47페이지 '무시무시한 운동 중독' 참조) 이러한 상태가 이어집니다.

D유형의 사람은 우선 푹 휴식을 취하고, 가능한 한 규칙적인 리듬으로 생활하고, 교감신경과 부교감신경 둘다 끌어올리는 것을 목표로 합니다. 131페이지 이후로 설명하게 될 '휴식 모델'을 활용하면서, 이 상태에서 빠져 나올 수 있도록 노력합니다.

지금까지 설명한 4가지 유형 중에 자신이 어디에 속하는지는 **선천적인 이유도 있지만, 그것이 전부가 아니라 대체로 매일 어떤 삶을 사는지에** 달려 있습니다. 유전이나 체질도 관련이 있지만 대체로 매일의 생활습관에 큰 영향을 받습니다. 쉽게 설명하면 **혈압과 마찬가지라고 생각할 수** 있습니다. 건강에 해로운 생활을 하면 고혈압이 되기 쉽지만, 운동이나 감량,

식생활을 바꾸면 혈압은 낮아집니다. 바쁜 일상에 쫓기는 사람은 B유형이 되기 쉽고, B유형이었던 사람도 일을 그만두면 기력이 빠져 C유형이 될 수도 있습니다. 어느 유형이든 자신의 피로에 맞는 대책을 세워야 합니다.

면역계가 제 기능을
못하면 병에 걸리기
쉽다

지금까지 인체의 3가지 제어 시스템(내분비계·신경계·면역계) 중 내분비계와 신경계의 피로에 대해 여러 시각에서 바라본 바를 전했습니다. 이번에는 마지막으로 면역계에 대해 설명하겠습니다. 일단 결론부터 말하자면, 스트레스는 면역계에도 큰 영향을 미칩니다. 스트레스로 인해 피로가 쌓이면 면역계의 기능 저하로 이어집니다.

'피로가 쌓이면 감기에 걸리기 쉽네'라고 생각한 적이 있지 않나요? 이것은 피로에 의해 **면역계가 약해지는 전형적인 증세입니다.**

내분비계를 설명하면서도 언급했지만, 면역이란 간단히 설명하면 바이러스나 세균으로부터 몸을 보호하기 위한 구조입니다. 혈액 안에는 면역 작용을 하는 백혈구가 있고, 백혈구는 림프구와 과립구로 나뉘어 있습니다. 림프구와 과립구가 체내에 침투한 바이러스나 세균을 공격하기 때문에 우리는 병에 걸리지 않고 건강하게 지낼 수 있습니다. 이 면역 기능이 약해지면 병에 걸리는 것입니다.

면역이 제 기능을 하고 있는지에 대한 판단은 자율신경의 상태와도 관계되어 있습니다. 교감신경과 부교감신경 중 어느 쪽이 우위에 있는지에 따라, 백혈구 안의 림프구와 과립구의 비율이 달라지기 때문입니다. 교감신경이 우위에 있을 때는 림프구가 줄어들고 과립구가 늘어나지만 반대로 부교감신경이 우위에 있을 때는 림프구가 증가하고 과립구는 줄어듭니다.

과립구는 주로 낮에 활발해져, 체내에 유입된 바이러스나 세균을 막아 냅니다. 림프구는 주로 야간에 활발해져서 과립구가 처리하지 못한 바이러스나 세균에 항체를 만들어 면역 반응을 일으킵니다. 과립구와 림프구, 둘 다 면역을 위해 없어서는 안 될 존재입니다. 다만, 피곤한 사람은 대체로 과긴장으로 교감신경이 우위에 있기 때문에, 림프구의 활동이 저하되어 면역계가 제대로 작용하지 않아 바이러스나 세균에 감염됩니다.

면역은 암도 예방해 줍니다. 우리 몸속에서는 매일 암세포가 생성되지만, 그것을 면역계가 곧바로 찾아 퇴치하기 때문에 대개의 경우, 암이 발병하지 않고 건강을 지킬 수 있습니다. 그러나 면역계의 작용이 저하되면 암세포가 우리 몸속을 장악하면서 암이 발병하는 것입니다.

'피곤함을 그대로 방치하면 암에 걸리기 쉽다'라고 하면 과장된 표현이라고 생각할지도 모릅니다. 그러나 피로가 쌓이면 면역체가 제 기능을 못하는 것은 분명한 사실입니다.

피로는 젖산 탓이 아니다

"피로한 것은 근육에 젖산이 쌓였기 때문이다"라는 말을 들어본 적이 있나요? "학교에서 그렇게 배웠다"라고 하는 사람도 있을 겁니다.

그러나 요즘에는 **피로한 것은 젖산 탓이 아니라는 게 밝혀졌습니다.**

그렇다면 왜 젖산이 피로의 원인으로 알려졌던 걸까요?

예전에 피로의 원인을 파악하기 위해 다음과 같은 실험을 한 적이 있었습니다.

연구실에서 피실험자에게 100미터를 전력으로 달리는 격렬한 운동을 지시했습니다. 그 직후, 기진맥진한 상태에서 혈액을 채취하면, 혈액 안에서 젖산이 발견되었습니다. 이 단순한 실험을 통해 '젖산이 피로의 원인이다'라고 결론 내 버린 것입니다.

젖산이 가장 많이 나올 때는 무산소운동을 한 직후입니다. 평소 우리는 유산소운동을 하며 활동합니다만, 무산소운동은 격렬한 운동이라 운동한 뒤에는 에너지가 고갈되기 쉽습니다. 우리 몸은 에너지를 빠르게 보충하기 위해 당을 분해하여, 되도록 빨리 에너지를 만들어 내려는 회로에 진입합니다. 이때 당(포도당)을 분해하면서 나오는 것이 바로 젖산입니다.

즉 '피곤할 때는 혈당 중에 젖산이 있다'지만 젖산 때문에 피곤한 것은 아닙니다.

한때는 젖산의 양이 피로의 바로미터였던 적도 있었지만, 지금은 그것을 대신해 피로의 정도를 나타내는 특정 물질은 발견하지 못했습니다. 단, 피로가 쌓였는지의 기준은 측정할 수 있습니다.

피로가 쌓이면 가장 현저하게 나타나는 현상은 자율신경의 혼란입니다. 그래서 최근 자율신경에 혼란이 생기면 나타나는 심박 변동 해석[14]으로 피로도를 측정하는 것이 가장 확실한 데이터가 되고 있습니다.

---

14) 주로 '심박 변이도(Heart Rate Variability, 주로 'HRV'로 표기하며, 심장 박동 간의 시간 간격의 변동성을 측정함)'를 분석하여 심장 건강, 스트레스 수준, 자율신경계의 상태 등을 평가하는 데 사용된다.

인간의 심장은 '두근, 두근, 두근' 하며 맥이 뜁니다. 이것이 바로 심장 박동입니다. 심장 박동에는 일정한 파동이 있고, 절정이 있습니다. 심박 변동 분석은 심장에서 울리는 파동의 절정 간의 거리를 측정하고, 그 상태를 분석하여 절정과 절정 사이의 파동을 고주파, 저주파, 초고주파의 3가지로 구분하여 나눕니다. 고주파는 부교감신경의 지표가 되고, 저주파는 교감신경의 지표가 됩니다.

이 2가지를 살펴보면 '교감신경이 높다'라든가 '부교감신경이 높다' 혹은 '둘의 균형이 좋다' 등을 알 수 있습니다. 참고로 초저주파는 어떠한 분야의 지표로 삼아야 할지 아직 연구 중에 있습니다.

교감신경과 부교감신경, 이 둘의 수치의 총계를 낸 지표도 있습니다. 이 둘의 총계가 클수록 교감신경과 부교감신경이 고르게 발달한 것으로 간주합니다.

무라타 제작소에서는 피로도 총합을 계측하기 위한 '피로 스트레스 측정기'[15]를 자체 개발하여 상품으로 판매하고 있습니다. 장거리 운전을 하는 트럭기사나 택시 운전사가 피로도를 수시로 측정하면 졸음운전을 예방하는 데에 도움을 됩

---

15) 일본의 무라타 제작소(村田製作所)에서 심박 변동 분석을 통해 피로와 스트레스 상태를 측정하기 위해 개발하여 발매한 기기다. 심박 변동 분석과 주파수 분석, 피로 및 스트레스 상태 평가와 사용자가 착용한 상태에서 실시간 모니터링을 해 준다.

니다.

　또한 **자율신경 상태를 측정하는 스마트폰 어플리케이션도 있습니다.** 혈압과 마찬가지로 컨디션에 따라 총계가 유동적으로 변하기 때문에 일정한 수치를 유지하기는 어렵지만, 피로도를 계측하는 데는 좋은 지표가 될 것입니다. 그러나 가장 중요한 것은 **스스로 자신의 몸이 하는 이야기에 귀를 기울이는 것입니다.**

최상의 '휴식'을 취하기 위한 7가지 전략

활동→피로→휴식의
사이클에서 벗어나자

지금까지 피로에 대한 정의를 논했다면, 이제부터는 드디어 '이상적인 휴식 방법'에 대해 이야기해 보고자 합니다.

지금까지 우리는 충분한 휴식을 취하면서 살지 않습니다. 보통의 사람들이 휴식을 취하는 방법을 도식화하여 설명하면 '활동→피로→휴식'의 사이클을 끊임없이 돌고 있습니다(표3-1).

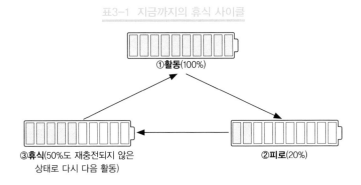

표3-1 지금까지의 휴식 사이클

①활동(100%)

③휴식(50%도 재충전되지 않은
상태로 다시 다음 활동)

②피로(20%)

어떠십니까?

우리는 직장이나 학교에 가서 일이나 공부 등의 활동을 합니다(활동). 집에서 일을 하는 사람도 있고, 가사나 간병, 육아 등을 하는 사람도 있을 것입니다.

이러한 활동을 하고 나면 당연히 피곤합니다(피로).

피곤하면 쉽니다(휴식).

그리고 다시 활동을 이어갑니다.

보통 우리는 이 3가지 요소를 무한 반복하며 살아갑니다.

그러나 저는 여기에 하나의 요소를 추가하고 싶습니다. 그게 무엇일까요? 여러분도 함께 생각해 보세요.

그렇다면 질문을 바꿔 보겠습니다.

"피로의 반대말은 뭐라고 생각하나요?"

아마 이 질문에는 "휴식 아닐까요?"라고 대답하는 사람이 가장 많이 나올 것 같습니다.

그러나 안타깝게도 질문의 답은 휴식이 아닙니다.

일상의 사이클에
'활력' 추가하기

활동→피로→휴식으로 이어지는 일상의 사이클을 스마트폰 배터리에 빗대어 설명해 보겠습니다. 활동하는 동안 피로가 쌓이듯이 배터리 잔량이 줄어듭니다. 그러나 휴식으로 충전하고 다시 활동하지요.

휴식으로 100% 충전한 상태로 돌아간다면 아무런 문제가 없습니다. 그러나 이미 다들 알고 있으리라 생각합니다만, 사람들의 80%는 이미 피로에 찌들어 있어 실제로는 그렇게 100% 충전하기가 어렵습니다. 쉽게 설명하면, 지속 가능한 삶의 모델이 아닙니다.

쉬어도 100% 충전되지 않은 채로 다시 활동하게 되는 것이 현실입니다. 제가 느끼는 바로는 오늘날의 일본인은 휴식을 해도 50% 정도밖에 충전되지 않아 보입니다. 그대로 다시

표3-2 이상적인 휴식 사이클

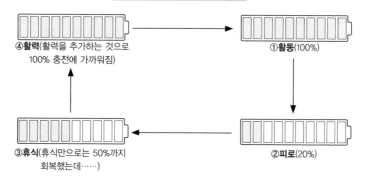

④**활력**(활력을 추가하는 것으로 100% 충전에 가까워짐)

①**활동**(100%)

③**휴식**(휴식만으로는 50%까지 회복했는데……)

②**피로**(20%)

20%가 남았을 때까지 지속적으로 활동하다 보면 피로는 점점 더 쌓여만 갑니다.

그리하여 제가 주장하는 것이 활동으로 넘어가기 전, 휴식 외에 피로를 말끔하게 씻어 내는 요소 하나를 추가하는 것입니다. 사전을 찾아보면 피로의 반대말은 '활력'이라고 쓰여 있습니다. 이 활력을 더해 4가지 요소로 일상을 살아가면 어떨까 생각한 것입니다.

즉 휴식을 한 뒤에 바로 활동을 시작하는 것이 아니라, 그때부터 활기를 채운 상태로 컨디션으로 끌어 올린 뒤에 다시 활동하는 사이클입니다(**표3-2**).

휴식만으로는 50% 정도밖에 되지 않았던 충전이 활력을 추가함으로써 100%에 가까워지는 것입니다.

심신을 단련하는
초회복 이론

    어떡하면 활력을 높일 수 있을까요? 의외의 답으로 보일지 몰라도 나 스스로에게 약간 무리한 부담을 주는 것, 그것이 바로 활력을 높일 수 있는 방법입니다.

    앞서 47페이지(무시무시한 운동 중독)에서 언급했던 '초회복 이론'이 기억나나요? 운동을 하고 난 뒤에 피로가 풀리지 않는 상태에서 다시 운동을 재개하면 결과적으로 자신의 능력은 점점 떨어져 갑니다. 그렇게 되지 않도록 운동선수들은 초회복 이론에 근거하여 격렬한 훈련을 한 뒤에는 반드시 일정 기간 휴식을 취해, 자신의 능력치를 최고조로 끌어 올린다고 설명했습니다.

    초회복 이론은 근육 훈련을 받고 있는 사람에게는 익숙할지도 모릅니다. 간단히 설명하면 '자신의 체력에 비해 한두 단계

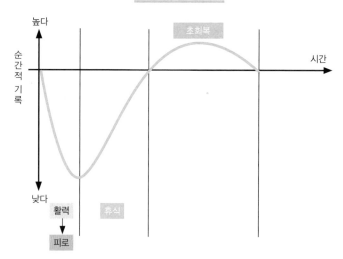

표3-3 초회복 이론

상향 조정하여 훈련을 받으면, 훈련을 받은 직후는 피곤해 체력이 저하되지만 그 뒤 충분히 쉬고 나면 훈련을 하기 전보다 체력이 올라간다'라는 현상을 설명한 이론입니다(표3-3).

근육 운동은 무거운 바벨을 들어 올리거나 들어 올리는 횟수를 많이 해서 근조직을 파괴합니다. 그 뒤 48시간에서 72시간, 다시 말에 2~3일은 훈련하지 않고, 휴식에 전념합니다. 그럼 훈련 전보다 근조직이 비대해진 것을 알 수 있을 겁니다.

보디빌더들은 이와 같은 훈련을 반복함으로써 단단한 근육을 만듭니다. 물론 초회복 이론이 꼭 운동선수들만을 위한 것은 아닙니다. 직장인, 학생 등 일반인들에게도 꼭 필요한 이론입니다.

스스로에게
무리한 부담 주기

앞서 활력을 높이기 위해서는 스스로에게 조금 무리한 부담을 주는 것이라고 말했습니다.

"피곤이 다 풀리지 않았는데, 더 피로를 쌓으라니, 말도 안 돼!"

이렇게 생각할지도 모르겠습니다. 그러나 적절한 부담을 준 뒤에 다시금 푹 쉬어 준다면, 스트레스를 주기 전보다 체력이 단련되기 때문에 시험해 볼 가치는 충분할 것입니다.

원래 체력이 10이라면, 조금 무리한 부담을 가하는 것으로 체력은 일시적으로 7 혹은 8까지 떨어지지만, 회복할 때에는 체력이 11 정도로 오르는 것을 경험할 수 있습니다. 그리고 다음 휴일에 같은 방법으로 훈련하면, 회복할 시점에는 체력이 12에 다다를 것입니다. 이렇게 기초 체력을 서서히 올려

갑니다.

물론 현 시점에서 체력이 바닥난 상태라면 우선은 피로도가 0에 가까워질 수 있도록 푹 쉬는 것이 급선무입니다. 그 이상 부담을 더한다면 그야말로 감당하기 어려운 부담으로 받아들일 거예요. 갑자기 무리하지 않도록 주의합니다.

피로감이 남아 있더라도 다소 마음의 여유가 있거나 체력이 완전히 충전된 상황은 아니더라도 아직은 시도해 볼 여유가 있는 몸 상태라면 평소보다 조금 무리한 정도의 부담을 주는 것은 나쁘지 않습니다. 그러고 나서 푹 쉬면 됩니다.

피로하면 쉬면서 나 스스로 귀찮게 구는 것. 이것이 활력을 높이는 포인트입니다. 이미 여러 번 당부했지만, 휴식만으로는 50% 정도밖에 충전할 수 없어도 활력을 더한다면 100% 충전에 가까운 수준에 다다를 수 있습니다.

활력을 높이는
아주 유용한 방법

무리한 부담이라도 처음에는 아주 쉬운 것부터 시작해야 합니다. 또 다음의 4가지 조건을 반드시 충족해야 합니다.

첫째, 스스로 결정하기

누군가가 '해라'라고 강요한 것이 아니라, 스스로 정하는 것이 중요합니다. 강요받아 한다면, 그 또한 스트레스가 될 수 있습니다.

둘째, 일과 관계없는 것으로 정하기

이미 일 때문에 피곤한데, 일을 늘려서 자신에게 부담을 주는 것은 추천하지 않습니다.

가족으로부터 "일요일이니까, 같이 뭐라도 만들어 볼까?"라고 제안 받았지만 귀찮아서 피했던 적은 없나요? 이처럼 일과는 전혀 관계가 없는 것이라면 아주 최적의 선택이 됩니다.

셋째, 스스로 결정하고 도전한 일이 자신이 성장할 수 있을 정도의 부담일 것

벽돌처럼 두꺼운 책을 독파하고, 지역 활동에서 특정한 임무를 맡는 등 '좀 어렵지만, 이걸 하고 나면 지금보다 조금은 성장할 거야'라고 하는 일에 도전해 보는 것도 좋습니다.

넷째, 편하게 즐길 여유가 있는 것

뭐든 무리하는 건 금물입니다. 더 자세히 말하면, 자신에게 약간의 부담을 줄 만한 일로 가능한 육체적인 면과 정신적인 면 양쪽이 모두 있는 것이 좋습니다.

육체적인 면이라면, 일단 가벼운 운동으로 시작해 봅니다. 걷기를 정했다면, 걷는 행위 자체를 즐기면서 거리를 조금씩 늘려 나가다가 달리기로 발전해 보세요. 자신의 페이스를 제대로 파악할 수 있으니 활력을 찾기에 더할 나위 없이 좋다고 생각합니다.

한편 정신적인 면은 '불편한 사람하고 만나기'라든가 '짜증 나는 일을 참고 해 보기' 같은 정신적 고문을 뜻하는 게 아닙니다. 그동안 생각만 하고 도전하지 않았던 시험에 응시해 보거나 취미로 하던 일에 전문성을 더해 자격증을 취득하거나, 전국 각지 명산의 최고봉에 오른다거나 하는, 조금은 긍정적인 부담을 더하는 것이 중요합니다.

방어적 휴식에서
공격적 휴식으로
전환하기

　사람들 사이에 혼자 캠핑을 나서는 '솔로캠프'가 유행한다고 합니다. 저도 한때 자전거를 타고 전국 일주를 했을 때 캠핑장을 자주 이용했습니다.

　어느 정도 장비나 설비가 구비된 전용 캠핑장이라면 몰라도 인적이 드문 숲속에서 텐트를 치고 아침까지 버틴다면, 그날 밤은 깜깜한 어둠 속에서 홀로 지내게 됩니다. 자신 외에는 아무도 없는 자연을 즐길 수 있는 사람이라면 몰라도, 그렇지 않다면 밤새도록 공포심을 견뎌야 합니다.

　그런 의미로 '솔로캠프'는 정신적으로 조금 무리한 활력을 주고 싶은 사람에게 딱 맞는 게 아닐까요? 게다가 누군가에게 지시받은 게 아니라, 처음부터 끝까지 스스로 생각하고 결정한 것입니다. 만약 아무리 생각해도 싫다면, 가던 도중에 다시 돌아오면 됩니다. 아주 완벽하고 긍정적인 활력 생성 조건이 갖추어져 있습니다.

이런 휴식 방법을 저는 '공격적 휴식'이라고 부릅니다.

주말에는 침대에서 뒹굴면서 자다 깨다를 반복하다가 월요일이 되어 다시 활동하는 것은 '방어적 휴식'입니다. 공격적 휴식은 보다 적극적이고 주체적으로 쉬는 방식입니다.

'적극적으로 쉰다'라는 말이 조금은 이상하게 들릴지도 모르겠습니다. 그러나 중요한 것은, 휴일은 보다 효율적으로 피로를 풀기 위해 지내거나, 피로가 쌓이지 않도록 몸을 만들거나 활력을 충전하는 데에 쓰는 것입니다. 지금까지 지켜 내기 급급했던 일상의 사이클을 '공격적인 휴일 사이클'로 바꿔 보는 것은 어떨까요?

휴식학에서 정의한
'7가지 휴식 모델'

그렇다면 드디어, 어떤 식으로 쉬어야 피로가 풀리고, 활력을 얻을 수 있는지 이야기해 보겠습니다. 휴식학에서는 휴식을 7가지 유형으로 정의하고 있습니다(표3-4).

휴식은 크게 다음과 같이 3가지로 나눌 수 있습니다.

· **생리적 휴식**

· **심리적 휴식**

· **사회적 휴식**

이 3가지를 다시 1~3가지 유형으로 나눕니다.

그렇게 나눈 7가지 모델을 일상생활에 적용하는 것만으로도 피로 회복이 촉진됩니다.

표3-4 활력을 높이는 7가지 휴식 모델

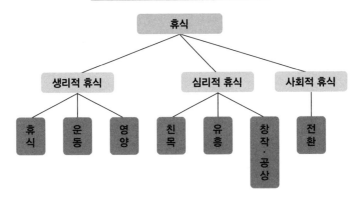

생리적 휴식1_휴식

생리적 휴식에는 휴식과 운동, 영양으로 총 3가지 유형이 있습니다. 순서대로 설명해 보겠습니다.

휴식 유형은 일반적으로 잘 알고 있는 '쉬다'의 이미지에 가까운 방법입니다. 일상의 모든 활동을 멈추고, 몸을 움직이지 않고, 에너지 소비를 억제하면서 에너지가 회복되기를 기다리는 수동적인 휴식법입니다. 말하자면 '소극적 휴식법'이라고도 할 수 있습니다.

휴식에는 '수면(낮잠 포함)'이나 '쉼' 등이 속합니다. 휴식을 취할 때 중요한 것은 그 어떤 에너지 소비도 소비되지 않도록, 몸을 움직이지 않는 것에 초점을 맞춥니다.

그중 수면은 휴식 중에서도 가장 중요한 부분을 차지합니다. 이미 설명한 것처럼 서캐디언리듬에 따른 사이클로 활동

표3-5 휴식 유형

| 수면을 취한다 | 휴식을 취한다 | 책상에 엎드려 한숨 잔다 | 소파에서 뒹군다 |

활동을 일단 멈추고, 에너지 소비를 억제하고 느긋하게 쉰다.
몸과 마음을 평온한 상태로 유지한다.

하다 보면 질 좋은 수면만으로도 피로 회복이 빨라집니다. 수면에 대해서는 4장에서 좀 더 자세히 설명하겠습니다.

한편, 휴식에는 반드시 주의해야 할 사항이 있습니다. '하루 종일 침대에서 뒹굴기', '소파에 기대앉아 텔레비전이나 휴대전화를 맘껏 보기'와 같은 방법의 휴식은 피로는 풀 수 있을지 몰라도 활력을 높이는 데는 별로 효과가 없습니다.

에너지 소비를 억제하고, 그 사이 체력 회복을 기다린다는 의미에서는 누워서 텔레비전이나 휴대전화를 들여다보는 것이야말로 최상의 휴식일지도 모릅니다. 겨울에는 뜨끈한 아랫목에 누워 뒹구는 것도 좋습니다. 그러나 그것은 주체적인 휴식은 아닙니다.

"오늘은 피곤하니까 몇 시간만 누워 있어야지"라는 식으로 '스스로 (시간을) 정하여' 휴식해야 합니다. 그저 "오늘은 할 일이 없으니까"라는 식으로 망연하게 수동적으로 뒹구는 것은 피로를 푸는 데에 악영향을 미칠 뿐입니다.

활동과 활동 사이에 잠시 체력적인 피로를 풀기 위해 잠시 누워 있는 것은 좋지만, '할 일이 없으니까'라든가 '평일 내내 피곤했으니까'라는 식으로 게으름을 피우며 지낸다면, 결국 피로는 풀지 못한 채 휴일이 끝나 버리고 말 것입니다.

수면도 마찬가지로, 수면 부족을 해소하기 위해 짧은 낮잠을 잔다거나, 평소보다 조금 늦게 일어나는 계획을 세워 실행하는 것이 좋습니다.

생리적 휴식2_운동

'운동과 휴식은 정반대의 개념이 아닌가'라고 생각할 수도 있지만, 휴식학에서는 운동을 휴식의 일종으로 봅니다. 적절한 운동을 하면 피로 회복에도 도움이 되기 때문입니다. 아무것도 하지 않고 가만히 있는 것보다는 운동을 하는 편이 피로가 풀립니다.

운동으로 휴식하는 유형은 '적극적인 휴식'이라고 부를 수 있습니다. 주체적으로 쉴 방법으로 운동을 택한 것이므로 '공격적 휴식'으로 추천합니다.

운동을 하면 혈류의 흐름이 원활해지고, 세포 하나하나에 산소와 영양을 제대로 공급할 수 있습니다. 그로 인해 **노폐물 제거가 촉진되고, 림프구의 흐름 또한 좋아지기 때문에 피로감을 줄일 수 있습니다.** 혈액순환이 좋아지는 건 건강의 기본

표3-6 운동 유형

걷기

요가

가벼운
웨이트트레이닝

스트레칭

경미한 운동은 노폐물의 제거나 림프구의 흐름을 촉진하는데,
그것만으로도 피로감이 훅 줄어듭니다.

입니다. 그러기 위해서는 몸을 가볍게 움직여 주는 것이 제일 좋습니다.

쉬는 날 하루 종일 침대에서 일어나지 못하고 뒹구는 사람이 있을 겁니다. 누워 있는 것만으로는 휴식이 될 수 없습니다. 계속 누워만 있으면 혈액의 흐름이 막히기 때문입니다. 물론 완전히 멈춘다는 의미는 아니지만, 피로를 풀기 위해서는 가벼운 운동이라도 하는 것이 필수입니다.

오후에 적당한 운동을 하면 몸에 피곤이 쌓이기 때문에 밤이 되면 부교감 신경이 예민하게 작용하여 깊은 수면에 빠질 수 있으니, 건강한 생활습관에도 탁월한 효과가 있습니다.

구체적으로는 요가나 스트레칭, 걷기 등이 좋습니다. 혈액의 흐름을 좋게 한다는 의미로 목욕도 운동 유형으로 분류됩니다.

나이가 들면서 근육량이 줄어들고, 근육이나 유산소 운동 능력은 떨어집니다. 근육통이나 건초염이 발생하는 등 근육이 줄어서 움직임에 장애가 생겨 나타나는 증상을 '사르코페니아(Sarcopenia)[16]'라고 합니다. 노화로 인한 증상이다 보니 특별한 조치를 취할 방법은 없지만, 그렇다고 사르코페니아가 되기를 기다리고 있을 수만은 없습니다. 나이가 들어도 운동을 하면 근육을 기를 수 있다는 것은 잘 알려져 있습니다.

독일에서는 "한 자세로 쭉 있다 보면 몸 마디마디에 녹이 슬어 움직이지 못하게 된다"라든가 "남은 삶을 건강하게 보내기 위해서라도, 몸을 움직입시다"라고 운동을 독려합니다. 생각해 보면 정말 맞는 말 같습니다.

물론 몸에 피곤이 쌓일 정도로 과한 운동을 하면 되레 역효과가 날 수 있습니다. 어디까지나 '가볍게 몸을 움직이는 것'이 중요합니다.

---

16) 근육 감소증이라고도 불리며, 노화로 인해 근육량이 감소하여 근력이나 신체 능력이 저하된 상태를 뜻한다. 2017년에는 WHO에서 질병 분류 코드를 부여하며 정식 질환으로 인정했다.

목욕물의 수압이
휴식이 된다

목욕도 운동 유형이라고 했습니다. 많은 사람이 목욕을 하면 피로가 풀린다는 걸 실감하고 있습니다. 하지만 어째서 목욕을 하면 피로가 풀리는 것일까요?

그것은 뜨거운 물에 몸을 담그면, 혈액순환이 촉진되기 때문입니다. 이를 좀 더 자세히 설명하면, **혈액의 흐름과 함께 노폐물이 제거되면서, 산소와 영양이 각 세포로 운반되어** 피로가 풀리게 됩니다.

그뿐만이 아닙니다. 욕조를 채운 따뜻한 물에 몸을 담그면 수압이 높아집니다.

이전에 저는 온천에서 개최한 학회에 참석한 적이 있었습니다. 그곳에서 얻은 정보에 의하면, **뜨거운 목욕물에 몸을 담그면 몸에 가해지는 수압은, 몸 전체로 계산하면 350kg이나**

된다고 합니다.

350kg의 수압이 온몸의 피부를 경미하게 압박하는 상태가 되면, 특히 발가락처럼 혈액이나 림프구가 막히기 쉬운 곳을 꾹 눌러 줍니다. 그러면 그곳에 멈춰 있던 혈액이 심장이나 폐로 돌아가는데, 이는 마사지와 같은 효과를 줍니다.

약국에 가면 신축성이 좋은 옷감으로 만든 '지압 양말'이나 '지압 타이즈'가 판매되는 걸 볼 수 있습니다. 그것들도 반신욕과 같은 효과를 노리고 개발된 상품이라고 할 수 있습니다. 원래는 종아리 근육이 움직여 다리에 쌓인 혈액을 심장으로 밀어 올리는데, 종아리 근육은 오후가 되면 피로하여 근력이 떨어집니다. 그러다 보니 중력의 영향으로 심장에서 가장 멀리 있는 발에 혈액이 머무르게 되고, 그로 말미암아 혈액이 부풀어 올라 발과 종아리가 퉁퉁 부어오르는 이른바 '부종' 상태가 됩니다.

따라서 다리에서 멈춰 있는 혈액을 심장으로 보내기 위해서는 종아리가 활약해야 합니다. 발목을 위아래로 움직이면 종아리가 긴장하여 이완하고, 다시 긴장하고 이완하기를 반복합니다. 이때 종아리의 근육은 혈관을 조였다 풀었다, 조였다 풀기를 반복합니다. 이것을 '밀킹 액션(Milking Action)'이라고 합니다. 마치 젖소의 젖을 짜듯이 리드미컬하게 혈관을 자극한다는 뜻으로, 이로써 다리에 부종을 풀 수 있습니다. 종아리가 '제2의 심장'이라고 불리는 건 이러한 이유 때문입니다.

이처럼 욕조에 담그는 목욕을 하면 욕조 안의 수압으로 한 곳에 몰려 있던 혈액이 심장으로 다시 밀려나게 됩니다. 그로 인해 혈액순환이 개선되어 피로가 풀립니다.

피로가 풀리는
물의 온도는 38~40도

사람마다 선호하는 목욕물의 온도가 있습니다. 제가 생각하는 적절한 물의 온도는 38도에서 40도입니다. 그러나 이보다 조금 뜨거운 42도 정도로 물의 온도를 맞추면 '열 충격 단백질(Heat Shock Protein, HSP)[17]'이라는 세포 손상을 막는 단백질이 생성됩니다.

'열 충격 단백질'에 관련해서는 여러 논문이 발표되었는데, 40도의 뜨거운 물에 15분간 몸을 담그면 생성된다는 보고도 있습니다. 그러니 몸이 아주 뜨거워질 만큼이 아닌, 기분이 좋을 정도의 물에 몸을 담그는 게 좋겠지요.

게다가 42도쯤 되는 뜨거운 욕조에 들어가면 교감신경이

---

17) 세포가 스트레스를 받을 때 생성되는 단백질로, 주로 높은 온도나 독성 물질, 산화 스트레스 등 극한 조건에서 세포를 보호하고 생존하는 역할을 한다.

우위가 되어 쉽게 잠이 들기 어렵습니다. 아침에 일어나 반신욕을 할 게 아니라면, 자기 전에는 40도 정도의 물에 15분 들어가거나, 더 미지근한 물에서 천천히 반신욕을 즐기는 편이 부교감신경이 우위가 되므로 추천합니다.

참고로 미지근한 온도의 반신욕은 운동 유형이 아닌 휴식 유형의 휴식이라고 할 수 있습니다.

천연 온천에 들어가는 것도 좋습니다. 온천수에는 피로에 좋은 성분이 들어 있다는 것이 과학적으로도 증명되었습니다.

천연 온천에 가면 온천의 종류나 효능이 표기되어 있는데, '탄산천'이라는 온천수에는 이산화탄소가 함유되어 있습니다. 우리 인간의 몸은 이산화탄소를 피부로부터 흡수하면 혈관이 확장되어 혈액순환 개선에 큰 도움을 줍니다.

라돈이 함유된 곳도 있습니다. 라돈은 방사능이 포함된 방사성 물질인데, '방사능'이라는 말에 반감을 보일 수도 있을 거라 생각합니다. 하지만 미량의 방사능은 몸에 자극을 주어 항산화 효과나 면역력 향상 등 건강 효과를 기대할 수 있다고 보고되고 있습니다. 이것을 학계에서는 '호르메시스 효과(hormesis effect)[18]'라고 합니다.

최근에는 가까운 거리에 당일치기로 다녀올 수 있는 온천

---

18) 소량의 유해한 자극이나 물질이 오히려 생물체에 유익한 효과를 미치는 현상으로, 약간의 스트레스나 독성이 오히려 생체의 방어 메커니즘을 활성화시켜 더 건강하고 강하게 만드는 효과를 말한다.

시설이 늘어나, 간편하게 온천을 즐길 수 있게 되었습니다. 이러한 온천 여행지가 아니더라도 욕조에 온천 성분이 함유된 입욕제를 넣어 보는 건 어떨까요? 평소 좋아하는 향을 골라 넣어 보면 반신욕 시간이 더 즐거워질 것입니다.

생리적 휴식3_영양

피로 회복이 잘 되거나 쉽게 지치지 않는 몸을 만드는 데는 식사도 큰 영향을 미칩니다. 이 말에 대개는 "영양 균형에 맞는 식사를 하면 좋을까요?"라고 질문합니다. 물론 64페이지(회복 에너지를 유지하는 방법)에서 설명한 대로 그것도 나름 중요한 요인입니다.

그러나 휴식학에서는 '금식'이나 '식사 양을 줄이는 것'을 중시합니다. 과식하지 않는 것이 몸을 쉬게 하는 것이라고 생각하기 때문입니다. 따라서 휴식을 위해 무엇인가 특정한 음식을 먹도록 권장하지는 않습니다. 현대 사회에서는 먹을 것이 없어 영양 부족이 되기보다는 오히려 음식이 풍부하여 '과식'으로 인한 해로움이 더 커지고 있습니다.

표3-7은 요코하마시에 거주하는 직장인을 대상으로 '건강

표3-7 건강상의 문제는 무엇인가?

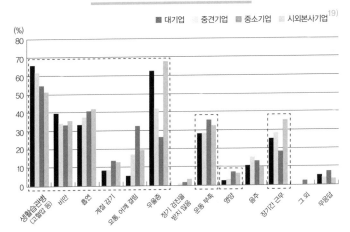

(출처) 요코하마시 경제국 「요코하마시 경황·경영 동향 조사 제99회(특별 조사)」(2016년 12월)

상의 문제는 무엇인가?'라는 질문에 대한 결과입니다.

　운동 부족을 문제로 느끼는 사람이 대다수인 데 반해, 영양을 문제로 삼는 사람은 지극히 적은 것을 알 수 있습니다. 영양은 건강의 3대 요소 중 하나이지만, 문제로 생각하는 사람은 많지 않습니다. 아마도 하루에 필요한 소비 칼로리를 충분히 섭취하고 있다고 자각해서일 것입니다.

　그래서 저는 '먹지 않는 영양'도 있다는 것을 말하고 싶습

---

19) 지방의 다양한 양질의 고용을 창출하기 위해, 지방으로 본사 기능을 이전·확충한 기업으로, 이를 세제면에서 지원하는 「지방 거점 강화 세제」가 2015년에 시행되었다.

니다.

예를 들어 설 연휴 동안 쉬지 않고 계속 명절 음식을 먹었다고 칩시다. 그러나 그 뒤에는 나물죽을 먹으면서 위에 휴식을 줍니다. 이런 식으로 몸의 소화계를 쉬게 한다거나, 노폐물을 배출하는 디톡스에 초점을 맞추는 것이 중요합니다.

무리하게 단식을 하거나 대충 끼니를 때우기보다는 건강을 위해 흰죽 같은 유동식으로 몸을 따뜻하게 유지하는 것도 좋습니다.

'영양을 섭취한다'를 더하기만으로 생각하는 게 아니라, 영양 섭취를 중단해 보는 즉 '영양을 빼는 생각'도 해 보기를 바랍니다.

참고로 최근에는 식사를 하는 시간에 따라 생체 시계를 조절할 수 있는 '시간 영양학'이 큰 주목을 받고 있습니다. 지금껏 우리는 '어떤 영양을 섭취할까'에 대해서만 궁리해 왔지만, 이제는 '언제 먹을까'에 더 집중하게 된 것입니다.

95페이지(자율신경을 알면 피로 회복에 더 가까워진다)에서 아침에 햇볕을 쬐는 것으로 생체 시간이 24시간으로 재설정된다고 이야기했습니다. 그와 함께 아침을 매일 정해진 시간에 먹는다면 24시간이 보다 확실하게 재설정될 것입니다.

음식을 먹으면 자동적으로 소화계의 활동이 시작됩니다. 소화계가 움직이기 시작하면 생체 시계를 조절하는 전원도 저절로 켜지게 됩니다.

표3-8 영양 유형

| 위에 좋은 음식을 먹는다 | 식사량을 줄인다 | 따뜻한 물로 몸을 녹인다 | 단식이나 식이 조절을 한다 |

먹는 양과 횟수를 줄여 피로에 찌든 소화계에 휴식을 준다.

바꿔 말하면, 매일 아침 고정된 시간에 아침 식사를 하는 것만으로도 자율신경을 활성화하는 데에 큰 도움이 될 것입니다.

위장의
80%만 채우기

　예로부터 "배를 든든하게 하는 것이 건강에 좋다"라는 말
이 전해져 오고 있습니다. 에도 시대의 유학자 가이바라 엣켄
(貝原益軒)이 남긴 의학서 『양생훈(養生訓)[20]』에는 다음과 같은
구절이 있습니다.

> '아무리 진귀하고 맛있는 음식일지라도 허기가 80~90%
> 충족됐다면, 그 선에서 멈추어야 한다. 배가 가득 찰 정도로
> 먹으면 재앙이 뒤따른다. 찰나의 욕망을 억누른다면 후일
> 의 재앙은 피할 수 있다.'

---

20) 1713년에 출간된 책으로 건강 유지와 장수에 관한 철학과 지침을 담고 있다.

쉽게 설명하면 과식을 멀리하라는 경고가 담긴 구절입니다. 배가 부를 때까지 먹는 것이 아니라 '조금 더 먹을 수 있지만, 배가 어느 정도 찼으니, 이쯤에서 그만 먹어야지'라는 것이 바로 위장의 80%만 채우는 기술입니다.

1990년, 학계에서는 배가 두둑하게 먹는 것보다는 어느정도 여유가 있을 때 그만두는 것이 좋다는 것을 입증하기 위한 실험을 실시했습니다. 제 스승이었던 도카이대학의 다즈메 세이기 교수팀은 매끼 과식한 쥐와 약간의 허기짐을 유지한 쥐의 수명을 비교했습니다.

실험에 따르면, 항상 과식으로 배가 불러 있는 쥐의 평균 수명이 약 2년인 것에 반해, 어느 정도 허기짐을 유지하던 쥐는 그보다 1년 더 많은 약 3년을 살았습니다. 즉 **수명이 1.5배 길었던 것입니다.**

1.5배는 꽤 큰 차이가 아닐까요? 인간의 수명이 100세라고 가정한다면, 1.5배는 150세까지 살 수 있다는 결론에 다다릅니다.

또한 다즈메 교수는 허기짐을 유지한 쥐는 활동량이 많고, 배가 부른 쥐는 활동량이 현저하게 떨어진다는 것을 발견했습니다. 인간도 마찬가집니다. 배가 부르면 움직이기 귀찮아져, 자연스레 활동량이 줄어듭니다. 혹은 어느 정도 허기짐을 느낄 때는 먹이(먹을 것)를 찾기 위해 활동량이 많아지는 것일지도 모릅니다. 어쨌든 먹는 양을 줄이는 것과 적당한 운동을 하는 것은 수명을 늘리는 데 중요한 역할을 하는 것이 분명합니다.

우리도 활력을 얻기 위해서는 평소에 필요 이상으로 과식하지 않도록 주의해야 합니다. 그것만으로도 우리 몸에 휴식을 안겨 줄 테니까요.

단 음식을 먹는다고 해서
피로가 풀리지는
않는다

'위장의 80%만 채울 정도로 먹는 것이 건강에 좋다'라는 걸 알면서도 스트레스가 쌓이면 과식을 하거나 단 음식이 당기지는 않나요? 이것은 **어떻게든 스트레스를 해소하고자 하는 몸의 방어 작용, 자기 방어 행동**으로 볼 수 있습니다.

식사를 하면 부신피질에서 코르티솔이 분비됩니다. 앞서 84페이지(스트레스가 쌓이면 면역력은 떨어진다)에서 스트레스가 쌓이면 분비된다고 소개한 호르몬입니다. 코르티솔은 항염증 작용과 면역 억제 작용을 하는데, 그 외에도 혈당을 올리는 작용도 합니다.

우선 식사를 하면 당연히 혈당이 오릅니다. 혈당이 오르면 췌장에서 인슐린이 분비되어 혈당을 낮추려고 시도합니다. 그러고 나면 혈당이 쭉 내려가고, 내려간 혈당은 다시 올라오지 않고 그 수치를 유지합니다. 이때 코르티솔이 생성됩니다. 코르티솔은 스트레스에 대항하기 위해 교감신경을 높여 전투 태세에 돌입합니다. 따라서 뭐든 닥치는 대로 먹거나 달콤한 음식을 찾게 되는 것입니다.

'좀 피곤한데, 이것까지는 처리해야지.'

이러한 생각이 들 때, 자신을 독려하기 위해 무의식적으로 먹거나 초콜릿 같은 단 것을 찾는 것인지도 모릅니다. 하지만 이는 **부교감신경을 높여 신체 재생 활동을 해야 할 시간에 과 식을 하고, 단 음식을 먹음으로써 우리의 몸은 긴장·흥분 상 태가 되어 재생 활동에 역효과가 납니다.**

집에 돌아가서 '아, 피곤해. 오늘따라 짜증나는 일이 어찌나 많던지! 스트레스에는 역시 단 걸 먹어야지!'라고 생각하는 것 또한 충분히 공감합니다만, **단 걸 먹으면 되레 더 흥분해서 잠 들기 어려워질 수 있습니다.** 흔히 '단 걸 먹으면 피로가 풀린 다'라고들 하는데, 정확히 말하자면 피로가 일시적으로 숨어 버릴 뿐입니다. 단맛을 즐기려고 먹는다면 몰라도, 케이크나 초콜릿을 먹는다고 해서 스트레스가 해소되지 않습니다.

"당질은 뇌의 먹이라서 머리를 쓸 때는 단 음식을 먹으면 좋다"라는 이야기도 종종 듣지만, 음식이 소화·흡수되는 데 는 일정한 시간이 걸립니다. 시험을 보기 직전에 단 음식을 먹었다고 해서 뇌가 잘 작동한다고는 장담할 수 없습니다.

'술'이 피로의 근원이
될 수 있다

술을 좋아하는 사람은 술과 피로 회복의 관계에 흥미가 많을 겁니다. 예전부터 '술은 백약의 으뜸'이라고 불리며, 술을 마시면 혈액순환이 잘된다고들 합니다.

그러나 **술은 정신적인 휴식 효과를 기대할 수는 있지만, 신체에는 꽤나 큰 부담을 줍니다.** 저도 술을 즐기는 편이라서 안타깝기 그지없습니다만…….

그렇다면 어째서 술은 몸에 나쁜 걸까요?

술을 마시면 알코올을 분해하기 위해 간이 아주 바쁘게 움직여야 합니다. 따라서 '피로를 풀기 위해' 마신다고 해도 되레 피로가 쌓이는 결과로 이어집니다. 간이 알코올을 분해하는 과정에서 '아세트알데히드'라는 활성산소와 같은 독성 물질을 배출하는데, 이것이 간에 해를 끼친다는 설도 있습니다.

잘 쉬는 것이 아니다

154

더구나 술을 마시면 잠을 잘 잘 수 있다고들 하지만, 대체로 한밤중에 잠이 깨기 쉬워서 수면을 통한 체력 복구가 어려워질 수 있습니다.

'술을 마시면 숙면을 취한다'라는 사람도 있지만, 술을 마시고 잠을 자는 상태는 마취제를 맞고 기절한 상태와도 같습니다.

통상적으로 잠을 자면 논렘 수면의 N1→N2→N3와 같은 순서로, 얕은 잠에서 깊은 잠으로 이어집니다(제4장에서 구체적으로 설명하겠습니다). 그러나 술을 마시고 자면 그 순서대로 잠을 이룰 수 없어서 잠을 자는 동안 이뤄지는 회복 과정이 생략됩니다. 이러한 이유로 술을 마시고 잠을 자는 것은 추천하지 않습니다.

심리적 휴식에는 친목과 오락, 조형·상상의 총 3가지 유형이 있습니다.

'친목 유형'은 말 그대로 사람들과 소통하면서 스트레스를 해소하고, 활력을 얻는 휴식법입니다. 친구들과 즐겁게 수다를 떨고, 가족이나 이성친구와 포옹이나 스킨십 등을 하면 피로가 단숨에 사라지는 것 같은 느낌이 듭니다.

만일 스킨십을 할 만한 대상이 없는 경우라도 크게 걱정할 필요는 없습니다.

반려동물을 안거나 쓰다듬는 것도 일종의 친목입니다. 고령자 시설의 입주민이나 병원에 입원한 환자들에게 전문 교육을 받은 개 등의 동물과 만나게 하는 것이 치료 효과를 돕는다는 펫 세라피(혹은 애니멀 세라피) 치료 방법은 이미 효과를 인정받고 있습니다. 저도 반려견 '치즈'를 무릎 위에 앉혀 놓고 쓰다듬는 것만으로도 옥시토신이 분비돼 마음이 차분해지는 것을 느끼게 됩니다.

또 **'친목 유형'의 사람들은 포옹이나 스킨십을 하지 않더라도 대화를 통해 충분히 친목 효과를 누릴 수 있습니다.** 꼭 친한 사람이 아니더라도, 직장 동료와 아침에 인사를 나누는 것, 이웃이나 단골 가게에서 "요즘 어떻게 지내세요?", "최근 컨디션은 좀 어때?", "잘 지내지?"라는 식으로 간단한 인사를 주고받는 것도 친목의 일종입니다.

최근 들어 재택근무가 늘었지만, 직장에서의 잡담이나 대화, 흡연실이나 탕비실에서의 아무 의미 없는 대화도 이 유형의 사람들에게는 휴식이 됩니다. 특히 이렇다 할 의미도 없는 대화를 나눈 뒤에도 사람과 이야기를 나눴다는 것만으로도 공감대가 형성되고, 기분이 전환되고 상쾌한 느낌마저 느낄 수 있습니다. 일에서 받는 중압감을 한순간이라도 잊을 수 있다면, 그 효과는 큰 것입니다.

사람과의 만남이 서투르고 '다른 사람이랑 같이 휴일을 보내는 건 좀……'이라고 생각하는 사람이나 누군가와 함께 있는 것만으로도 피곤이 쌓이는 사람도 있습니다. 그런 사람은 **무리하게 친분을 쌓을 필요는 없습니다.**

인간관계가 즐거운 사람이 있는가 하면, 사람들과 부대끼는 것 자체가 고역인 사람도 있습니다. 그러니 만남이 서툴다

표3-9 친목 유형

가족이나 친구들과 포옹을 한다

반려동물을 쓰다듬는다

자연과 접하는 삼림욕을 한다

인사를 나누고, 잡담을 나눈다

사회나 사람들과 교류하거나 자연이나 동물과 교감한다.

고 해서 자신을 책망할 필요는 전혀 없습니다.

다만 아파트 엘리베이터에서 만난 사람에게 간단히 목례를 하고, 곤란한 상황에 닥친 사람을 보면 먼저 손을 내미는 것 정도는 시도해 봐도 좋지 않을까요? 사람들과 소통하는 것이 자신의 감정을 긍정적으로 바꿀 수 있다는 것을 꼭 기억해 주었으면 합니다.

자연을 만끽하면
피로가 풀린다

　넓은 공원이나 초목이 푸르른 산에 오르면 어쩐지 상쾌한 기분이 들었던 경험이 한 번쯤은 있을 것입니다. 이처럼 삼림욕과 같이 자연과 접촉하는 것도 친목 휴식의 일종입니다.

　최근 들어 '산림 의학'이라는 분야에서 삼림욕의 효과를 의학적으로 증명하려는 연구가 진행되고 있습니다. 이전까지는 "무슨 이유에선지 산에 가면 기분이 좋아진다"라는 정도였지만, 연구가 진행됨에 따라 그 이유를 과학적으로 해명할 수 있게 된 것입니다. 산림 의학 연구 결과에 따르면, 나무에서는 피톤치드라는 휘발성 물질이 나오는데 나무가 빽빽한 산에 가면 우리가 숨을 쉴 때마다 자연스레 들이마시게 된다고 합니다. 특히 피톤치드에 함유되어 있는 '테르펜(terpene)'이라는 화학 물질은 우리 몸을 이완시키는 데에 좋은 영향을 미칩

니다. 또 산에 가는 것만으로도 마음을 평온하게 만드는 호르몬인 세로토닌이 분비된다고 합니다.

산뿐만 아니라 바다에 가면 가슴이 뻥 뚫린 듯한 해방감을 느끼는 사람도 있습니다. 파도 소리를 들으며, 파도가 해변으로 밀려오는 것을 가만히 내려다보는 것만으로도 마음이 편안해지기 때문입니다. 1분간 발생하는 건강한 사람의 평균적인 호흡수와 파도가 부딪치는 평균적인 횟수가 같습니다. 그래서 느긋하게 일정한 간격으로 들려오는 파도 소리가 마음을 가라앉게 만드는 것일지도 모릅니다.

참고로 인간이 평온하다고 생각하는 리듬은 1분간 약 60회 정도 뛰는 심박수가 기준이 됩니다. 심장은 1분에 약 5ℓ의 혈액을 내보내는 것으로 밝혀졌습니다. 심장이 한 번 박동할 때 대략 80cc 정도의 혈액을 배출하기 때문에 1분간의 심박수는 60회 정도라는 계산이 나옵니다.

리듬이 나왔으니 하는 이야기인데, 신생아나 반려동물을 쓰다듬을 때 최적의 리듬이 있는 것을 알고 계십니까? 손을 1초에 5~10cm 정도의 폭으로 움직이면 자연스럽게 옥시토신이 분비됩니다.

'애정 호르몬' 혹은 '행복 호르몬'이라는 별칭으로 불리는 옥시토신은 부교감신경이 안정적으로 제 기능을 할 수 있게끔 돕는 효과가 있습니다. 우리가 가까운 사람들과 포옹하거나 재롱을 부리는 반려동물을 쓰다듬으면 안락하고 평안한

자는 것은 쉬운 것이 아니다

기분을 느끼게 됩니다. 그것은 **뇌에서 옥시토신 호르몬이 나오기 때문입니다.**

다른 호르몬보다 옥시토신이 굉장한 건 쓰다듬어 주는 쪽뿐 아니라 쓰다듬는 쪽에서도 나온다는 점입니다. 엄마가 아이를 쓰다듬을 때, 아이에게 옥시토신이 나오지만 엄마도 함께 옥시토신이 분비되는 것입니다. 단, 1초에 5~10cm쯤 손을 움직일 정도의 속도가 적당해야 합니다. 그보다 빠르거나 느리면 소용이 없습니다. 너무 빠르면 조급한 듯한 느낌을 주고, 느리면 손이 멈춘 듯하여 쓰다듬는다는 느낌을 받을 수가 없습니다.

최근 AI(인공지능)가 내장된 인형이나 로봇이 시판되고 있는데, 간단한 이야기를 주고받거나 눈의 표정이 바뀌는 기능이 개발되었다고 합니다. 그런 것이라도 자신이 안락감을 느낄 수 있다면, 얼마든지 이용해 볼 가치가 있다고 생각합니다.

심리적 휴식2_유흥

심리적 휴식의 두 번째, '유흥 유형'에 대해 설명해 보겠습니다.

유흥 유형은 다양한 취미 생활을 추구하면서 휴식을 취하는 부류입니다. 클래식 음악을 좋아한다면 클래식 음악을 듣고, 영화를 좋아하면 영화를 보러 다닙니다. 휴일이 되면 그간하고 싶었던 일들이 물밀듯이 떠오르고, 하나하나 완수해 가는 것이 바로 유흥 유형의 휴식법입니다.

음악에는 스트레스를 완화하는 효과가 있다고들 합니다. 예를 들어 젖소에게 모차르트의 곡을 들려주면 젖이 잘 나온다는 건 예전부터 알려진 이야기입니다. 음악은 사람에 따라 기호에 차이가 있습니다. 자신이 마음 편히 들을 수 있는 리듬과 박자를 기억해 두고, 휴식을 취할 때 이용하면 좋을 것입니다.

　피로를 풀기 위해서는 느린 템포의 잔잔한 음악을 듣는 게 좋을 같지만, 너무 부드러운 곡을 들으면 마음이 되레 불안해지는 사람도 있습니다. 음악은 개인의 취향이 확고한 분야입니다. 따라서 빠른 비트의 음악이든 귀가 찢어질 듯이 높은 사운드의 헤비메탈이든 듣는 이의 취향에 따라 편한 곡을 찾아 들어보세요. 그것만으로도 충분히 훌륭한 휴식이 됩니다. 단 음악이 자율신경에 미치는 영향을 조사한 연구 결과에 따르면, 느린 음악이 부교감신경을 우위로 만든다고 알려졌습니다.

　게임을 좋아한다면 게임을 하면서 휴식을 즐길 수 있지만, 게임은 중독이 되지 않게끔 각별한 주의가 필요합니다.

　장기나 바둑, 서예와 같이 배움을 통한 휴식도 좋습니다. 등산이나 조금은 격렬한 운동도 스스로 즐기면서 할 수 있다면 유흥으로 분류합니다. 운동과 유흥을 한꺼번에 할 수 있는 일석이조의 휴식 방법입니다.

　유흥이기보다 '이러저러한 걸 하면 어쩐지 마음이 편안해지고 기분이 좋아진다'라는 각각 개인의 취향이 있을 것입니다. 예를 들어 '콧노래를 부른다', '네일아트를 받는다', '탄산음료를 마신다', '창문을 열어 환기를 시킨다', '이를 닦는다' 등입니다. 일상에서의 자연스러운 행동으로도 충분히 기분은 바뀔 수 있습니다. 나름의 기분 전환 방법은 일상에서 꼭 사

표3-10 유흥 유형

| 음악 감상이나 영화 감상 | 팬클럽 활동 | 독서 | 무언가 배우러 다님 |

아주 찰나의 기분 전환을 포함한,
스트레스 해소에 도움이 될 만한 취미나 유흥을 찾아본다.

용하기 바랍니다.

스트레스가 쌓였을 때를 대비하여 기분을 전환할 수 있는 리스트를 미리 만들어 두는 '스트레스 코핑(stress coping)'이라는 방법이 있습니다. '코핑'은 'cope(대응하다)'라는 단어에서 유래한 말입니다.

스트레스를 받는 중에는 그것만으로도 머릿속이 가득 차버리지만, 그럴 때를 대비하여 미리 할 일 목록을 만들어 둔다면 금세 기분을 전환할 수 있습니다.

평소 무심결에 음악을 듣다가 '와, 이 음악은 너무 신나는데? 스트레스가 확 풀려!'라는 생각이 든 음악이 있다면, 잊기 전에 목록에 추가해 둡니다. 그렇게 하면 '아, 스트레스가 폭발할 것 같아. 음악이라도 들으면서 머리 좀 식혀 볼까?' 하는 생각이 들 때 그 음악을 바로 들을 수 있습니다. 그로 인해 '음악을 들으니 조급했던 마음이 좀 풀리는 것 같네'라고 마음을 가다듬을 수 있는 적절한 조치를 취할 수 있습니다.

시간이 있을 때마다 여러분만의 '코핑 리스트'를 다이어리나 스마트폰 메모장에 기록해 둘 것을 추천합니다.

심리적 휴식3_
창작·공상

이 유형은 그림을 그리거나, 시를 쓰거나, 작곡을 하거나, 핸드메이드나 주말에 공방에서 무언가를 만드는 등 창작 활동 전반에 걸쳐 나타납니다. 무언가에 집중하면 피로를 잊을 수 있습니다.

그렇다고 꼭 유형의 것, 눈에 보이는 것을 남겨야 하는 것은 아닙니다. 지도나 기차 시간표를 보면서 마치 여행하고 있는 기분을 만끽하거나, 미술관에서 그림을 보면서 '이 화가는 어떤 생각으로 이 그림을 그렸을까' 상상해 보는 것도 이 유형에 포함됩니다.

공상도 이 유형에 속한 사람들의 휴식법입니다. 한때 내면을 탐색하는 '마음챙김(Mindfullness)'이 한창 유행했는데, 이것은 마음을 비우는 것을 권하고 있습니다.

표3-11 창작 · 공상 유형

그림을 그리거나 시를 쓰기	공방을 다니거나 DIY 만들기	명상	여행 시간표나 지도를 보며 공상하기

무언가에 집중하고, 좋아하는 것을 생각하는 것만으로도
피로감은 줄어들 수 있다.

생각을 비운다는 것은 익숙하지도 않고, 그 자체에 접근하는 게 어려울지 모릅니다. 그런 때는 '새가 하늘을 날고 있는 것을 머릿속에 그려 보기', '좋아하는 아이돌 생각해 보기' 등 **좋아하는 것을 상상하는 것만으로도 충분합니다.**

사회적 휴식_전환

사회적 휴식은 '전환 유형', 단 한 가지뿐입니다.

전환은 **주변 환경을 바꾸는 것**입니다. 보통은 이사를 하거나 이직을 떠올리기 쉽지만, 의외로 그렇게 거창한 변화가 아니어도 상관없습니다.

우리 인간은 피부를 방패 삼아 외부 환경으로부터 몸을 보호하고 있습니다. 따라서 집 안에 있더라도 피부에 닿는 모든 것이 외부 환경이라고 간주하면, 옷을 갈아입는 것도 외부 환경을 바꾸는 것이라고 할 수 있습니다. 나 자신이 지금 있는 방도 외부 환경 중 하나라서 가구의 배치를 바꾸고, 커튼을 바꾸고, 마당에 꽃을 심거나 책상을 깨끗이 정리하는 것도 좋습니다.

전환 유형의 가장 좋은 선택은 다름 아닌 여행입니다. 일상

표3-12 전환 유형

| 옷 갈아입기 | 방의 구조 바꾸기 | 여행하기 | 쇼핑이나 외식하기 |

외부 환경에 변화를 주면 기분 전환이 된다.
청소도 좋은 방법이다.

과 동떨어진 곳에 가는 것만으로도 충분히 좋은 휴식이 됩니다. 휴가 때마다 여행 계획을 세우는 사람이 많은 이유는 전환의 효과가 크다는 것을 경험으로 알기 때문입니다. 쇼핑이나 외식을 하는 것도 이 유형에 속합니다.

7가지 유형을 섞어
휴식을 극대화하기

지금까지 생리적 휴식, 심리적 휴식, 사회적 휴식으로 휴식을 크게 3가지로 나누어 설명하고, 그에 따른 쉬는 법 7가지를 소개했습니다. 그러나 중요한 건 지금부터입니다. **각각의 휴식 유형을 섞어서 쉬면, 피로 회복 효과가 2배, 3배로 나타나기 때문입니다.** 요컨대 여러 유형을 자유롭게 조합하는 것입니다.

당연히 7가지 유형을 각각 실천하는 것만으로도 피로 회복 효과를 기대할 수 있습니다. 그러나 동시에 여러 휴식 유형을 조합한다면 좀 더 큰 효과를 누릴 수 있습니다. 여러분은 이미 평소 생활에서 실천하고 있을 테지만요.

예를 들어 한숨 돌리고 긴장을 풀기 위해 따뜻한 수프를 만들어 먹는다고 칩시다. 물론 이것도 훌륭한 영양 유형의 휴식이지만, 냉장고에서 재료를 꺼내 수프를 만드는 과정은 창작·공상 유형의 휴식 방법이기도 합니다. 게다가 몸을 따뜻하게 만들어 줄 음식을 먹는다는 의미에서 본다면 소화기를 편안하게 해 준다는 점에서 영양 유형에도 해당되고, 가족들과 함께 둘러앉아 수프를 먹는다면 식사 중에 이뤄지는 대화를 통해 친목 유형으로도 구분할 수 있습니다.

또 완성된 수프를 보온병에 넣어 공원으로 나가, 그곳에서 먹는다고 가정해 봅시다. 공원까지 걸어서 간다면 운동 유형이 추가됩니다. 뿐만 아니라 집에서 공원으로 장소가 변하기 때문에 전환 유형으로도 말할 수 있으며, 자연을 만끽하는 즐거움도 느낄 수 있습니다.

피트니스 센터에서 운동하는 것은 두말할 것도 없이 운동 유형입니다. 운동하며 몸을 움직이면 혈액순환이 좋아지고, 대사가 상승하기 때문에 몸속에 쌓인 노폐물이 제거되고, 적당한 피로가 수면의 질을 높여 줍니다. 게다가 피트니스 센터에서 친구가 생긴다면 사교 유형의 휴식으로 간주할 수도 있습니다. 저희 장인어른은 피트니스 센터에서 만난 사람들과 좋은 관계를 유지하여 함께 여행도 다니시는데, 이로써 전환 유형을 추가한 셈이 됩니다.

이런 식으로 **가능한 많은 유형의 휴식을 복합적으로 활용하고, 각각의 '좋은 점'을 취해 피로 회복을 위해 노력합니다. 무엇보다 중요한 것은 스스로 주체적으로 행하는 것입니다.**

쉬는 법을 연구하고 터득하여 자신만을 위한 휴식 방법을 찾아내는 것이 중요합니다. 그것이야말로 '적극적이고 공격적인 휴식'입니다.

휴식의 조합은 발상의
전환에서 시작된다

7가지 유형의 쉬는 법을 제대로 파악하고 있으면, 평소 일상을 누리면서 '그러면 동시에 이런 것도 할 수 있지 않을까?'라며 새로운 아이디어를 떠올려, 점점 더 다양한 방향으로 발전해 나갈 수 있습니다.

예를 들어 아이의 학교 운동회나 직장 야유회, 동네 마을 축제 등을 예로 들어 봅시다.

'행사에 참가하는 것만으로도 피곤해', '모처럼 쉬는 날인데, 귀찮은 행사네'라고 생각하는 사람도 분명 있을 겁니다. 그러나 공격적인 휴식의 관점에서 생각한다면 단체의 행사는 여러 유형의 휴식을 하루에 다해 볼 수 있는, 절호의 기회입니다.

아이의 운동회에 참가한다고 칩시다. 당연히 운동 유형의 휴식입니다. 여기에 아이들에게 '힘내라, 파이팅!'이라고 응원해 주고, 장애물 달리기 등에서 나올 법한 에피소드에 폭소가 터진다면 이는 유흥 유형에 속합니다. 매일 체육 수업을 위한 공간이었던 운동장이 단숨에 왁자지껄한 축제와 같은 분위기로 변했으니 전환 유형 요소도 들어가 있습니다. 점심 시간에 맛있는 도시락을 먹는다면 영양 유형에 해당될 것이고, 다른 가족과도 함께 먹는다면 친목 유형이 추가됩니다. 마지못해 참가할 것인가, 휴식으로 활용할 것인가는 자신의 발상을 전환하는 데 달려 있다고 할 수 있습니다.

또 다른 예를 들어 볼까요? 그림을 그리는 것은 창작·공상 유형이지만, 바다나 산으로 가서 그림을 그린다면 이는 전환 유형이, 장거리를 걸어간다면 운동 유형 요소가 추가됩니다. 그림을 그리는 동호회에 들어가서 함께 그린다면 친목 유형도 더해집니다.

여행은 어떨까요? 단순히 관광지를 돌아보는 것이 아니라 지역 곳곳을 탐험하고, 지역에 사는 사람들과 어울린다면 친목 유형의 휴식이 되고, 그 지역의 특산물인 도예 체험을 하여 작은 그릇이라도 만들어 낸다면 창작·공상 유형 요소가 추가됩니다.

잠자리를 바꾸는
것만으로도 충분하다

'수면 시간만큼은 독립적으로 쓸 수밖에 없지 않을까'라고 생각할 수 있습니다. 단순히 잠을 잘 때에는 '잠을 자는 것' 외에는 아무것도 할 수 없기 때문입니다. 하지만 잠자리를 바꾸는 것만으로도 휴식 유형에 전환 유형을 조합하는 것이 가능합니다.

수면 환경에 신경을 쓴 호텔에서는 '숙면 플랜'이라는 프로그램을 개발하고 있고, '온천에 가면 잠이 잘 온다'라고 말하는 사람들도 있습니다. 캠핑을 가서 숲속 한가운데에 텐트를 치고 누우면 기분이 좋아지고, 마음에 맞는 친구들과 함께 간다면 친목 유형의 휴식을 함께 즐길 수 있습니다.

반신욕을 할 때도 그저 가만히 있는 것처럼 보이지만, 몸을 따뜻하게 하는 것으로 혈액순환에 도움이 되므로 반신욕은 운동 유형을 동반하고 있는 것과 같습니다.

이렇게 생각해 보면, 휴식이 집에서 자는 것, 침대에서 뒹구는 것, 가만히 있는 것이라고 생각했던 사람들도 아주 조금 생각을 바꾼다면 휴식의 효과를 한층 높일 수 있습니다. **쉬는 법을 조합하는 건 무한대로 가능합니다.**

여러 유형을 복합적으로 구성하여 나에게 딱 맞는 휴식 방법을 찾았다고 해서 완벽하게 완성된 것은 아닙니다. 이직이나 부서 이동, 진학이나 취업 등 가족 구성원의 변동 등 나를 둘러싼 생활환경이 바뀔 수도 있고, 나의 건강 상태에 새로운 변화가 생길 수도 있습니다. 그때마다 또다시 나에게 맞는 휴식 방법을 능동적으로 재구성하고, 새로운 방법을 강구해야 합니다.

참고로 7가지의 유형을 모두 무리하게 끼워 넣어 굳이 불편한 휴식을 취할 필요는 없습니다. 사람마다 잘하는 것, 못하는 것이 다 다르기 때문입니다.

창작·공상 유형의 활동에 서툰 사람이 굳이 그림을 그리러 다니거나 서예 학원을 등록할 필요는 없습니다. 저처럼 그림에 소질이 없는 사람에게 "그림을 그려 보세요"라고 한다면 무척 당황스러울 것입니다. 모처럼 맞은 나의 휴식 시간에는 스트레스가 쌓이지 않도록 내가 잘하고, 즐길 수 있는 활동을 선택해 주세요.

간혹 **가족이나 배우자와 원하는 휴식 유형이 다를 때는 어**

떡하느냐고 질문하는 경우가 있습니다. 남편은 밖에 나가 테니스를 치고 싶어 하는데, 아내는 집에서 수를 놓고 싶어 한다면……. 이럴 때는 굳이 두 사람이 함께할 필요는 없다고 말합니다. 상대방에게 맞춰 움직이는 것이 스트레스로 작용한다면 무리해서 함께할 필요는 없습니다. 각각의 취향에 맞춰 활동하고, 함께 즐길 거리도 찾아보기를 권합니다.

'최선을 다하는 것'은
금물!

"어떻게 쉬어야 나에게 활력을 줄까?"

"어떡해야 내 활동 능력을 최대치로 끌어 올릴 수 있을까?"

지금까지의 제 이야기를 듣고, 여러분도 앞으로 어떤 식으로 쉬어야 될지 이런저런 생각을 떠올리고 있을 거라고 생각합니다. 그러나 '이번 휴일에는 이렇게 쉬었으니까, 다음에는 이런저런 방법을 더해서……'라고 휴식에 대한 의무감에 사로잡혀 종종거리는 것은 되레 피로감을 더할 뿐입니다.

우선은 여러 유형을 복합적으로 시도하는 것이 아니라 내가 가볍게 해 볼 수 있는 것을 하나씩 시도해 보는 것이 좋습니다. '이렇게 해 보니 좋았다'라고 편안함을 남겨 준 방법이 있다면 반드시 코핑 리스트에 추가해 둡니다.

그리고 나서 그것을 복합적으로 연계한 계획을 다음 휴일에 시도해 봅니다. 하나보다는 둘씩, 둘보다는 셋씩 조합하다 보면, 나에게 맞는 방법을 찾게 될 것입니다. 나에게 최상의 효과를 주었던 것을 기록하고, 그것을 또다시 다른 방법과 연계해 보십시오.

나에게 꼭 맞는 휴식법이 하나둘 쌓이고, 그것들을 토대로 잘 쉬는 요령을 터득하면 차차 '휴식의 달인'이 될 수 있을 것입니다.

우리는 지금까지 '휴식'에 대해 따로 공부할 기회가 전혀 없었습니다만, 잘 쉬는 것도 하나의 기술입니다. 단지 시간이 흐르면 피로가 풀리겠거니 하는 안일한 생각은 '진정한 쉼'이 아닙니다. 보다 쾌적한 생활을 보내기 위해 휴식의 경험을 쌓고, 보다 긍정적이고 주체적으로 쉴 필요가 있습니다.

휴식에도 기술이 필요한 이상, 당연히 처음부터 잘 쉴 수는 없습니다. 어느 기술이든 시행착오를 거듭하면서 향상되는 것이 당연합니다.

여러 방법을 시도하다 보면 나와는 전혀 맞지 않는 휴식을 취하는 경우도 많지만 그중에 반드시 나와 꼭 맞는 휴식을 찾을 수 있을 것입니다.

적극적이고 공격적인 나의 휴식 일지

이번 휴일은 어떻게 지냈는지, 다음 휴일에는 어떻게 보내고 싶은지 기록합니다.

【예시】

- 도쿄 국립 근대 미술관에서 열린 '가우디와 사그리다 파밀리아 전'을 보러 다녀왔다(창작·공상 유형 그리고 유흥 유형).
- 반려견을 데리고 친구를 만나 공원에서 산책을 했다. 돌아오는 길에는 쇼핑센터에도 들렀다(친목 유형 그리고 운동 유형).
- 요리 프로그램에서 나온 수프를 만들어 가족들과 함께 공원으로 소풍을 갔다. 수프는 보온병에 넣어 도시락으로 가져갔고, 공원 안에 적당한 자리를 찾아 돗자리를 깔고 가족과 함께 수프를 먹었다(창작·공상 유형, 친목 유형, 운동 유형, 전환 유형 그리고 영양 유형).
- 교외로 나가 풍경 스케치를 했다(전환 유형, 창작·공상 유형 그리고 운동 유형).

나의 코핑 리스트

스트레스를 받았을 때 하면 좋을 만한 것을 가능한 한 많이 기록해 두세요. 아주 사소한 것이라도 상관없습니다. 다이어리나 스마트폰 메모장 등 평소 눈에 잘 띄는 곳에 적어 둡니다.

【예시】

- 콧노래를 부른다.
- 네일아트를 받는다.
- 탄산음료를 마신다.
- 창문을 열고 환기를 시킨다.
- 이를 닦는다.
- 산책을 나선다.
- 이면지 등을 소리 나게 찢는다.
  ……

잠을 자는 것만으로는
휴식이 되지 않는다

잠은 활력을
깨우는 열쇠

여기까지 읽은 여러분이라면 더 이상 '잠을 자면 쉬는 거지'라고는 생각하지 않을 것입니다.

다만 생리적 휴식으로의 수면, 즉 잠은 무척 중요합니다. '활력'의 열쇠를 쥐고 있는 건 다름 아닌, '잠'입니다. 이렇게 말하면 다시금 "자면 되는 건가? 안 자는 게 낫나?" 혼란스러워하는 사람들도 있을지 모르기 때문에, 지금부터는 잠을 자는 일, '수면'에 대한 이야기를 자세히 해 보고자 합니다.

두말할 것도 없이 피로를 풀기 위해서 잠은 꼭 필요합니다. 잠을 자지 않으면, 결국 사람의 몸은 망가져 버립니다. 거의 대부분의 사람은 밤을 새우는 일 자체를 굉장히 힘겨워합니다. 하물며 이틀 연속으로 밤을 새우면 머리를 써야 하는 일이나 복잡한 계산 작업은 불가능해질 것입니다. 사흘간 잠을 못 자면 환각이 보이거나 정상적인 대화가 어려워지고, 뇌가 극도로 피로한 상태에 이르러 의사 결정 능력이나 판단 능력이 극단적으로 떨어질 수도 있습니다. 급기야 '불면증으로 인한 심장마비'가 발생하여 죽음에 이를 수도 있지요.

잠의 역할 중 가장 중요한 것은 바로 세포의 회복입니다. 낮 동안의 활동으로 손상된 세포의 회복이 주로 잠을 자는 중에 이루어집니다. 엄밀하게 말하자면 낮 동안에도 세포는 복구하지만, 몸을 움직이는 일에 산소 공급이 집중되기 때문에 세포 복구는 우선순위에서 밀려납니다. 바꿔 말하면 잠을 자는 중에는 몸을 움직일 때만큼 산소가 필요하지 않아서 세포 복구에 산소를 집중할 수 있는 것입니다. 세포 복구를 돕는 성장호르몬도 밤에 잠을 자고 있을 때 분비되기 때문에 잠을 자면 피로가 풀리는 것입니다.

잠은 멀티 파워를 가졌다

잠은 여러 복합적인 기능을 지니고 있는데, **비만을 예방하고, 생활습관병을 예방하고, 감염병을 예방합니다.** 그야말로 멀티 파워를 가진 것입니다.

우선 비만과 생활습관병의 예방부터 설명하겠습니다.

수면 시간이 짧으면 식욕을 증진하는 그렐린(Ghrelin)[21]이라는 호르몬이 활발하게 분비되는 반면, 식욕을 억제하는 호르몬인 렙틴(Leptin)[22]은 저하됩니다. 따라서 비만이 되기 쉽고, 연쇄적으로 다음과 같은 증상이 나타납니다(**표4-1**).

---

21) 단기적인 섭식 행동을 조절하는 데 사용되는 식욕 촉진 호르몬이다.
22) 체중 조절에 관여하는 호르몬으로, 식욕을 억제하고 열량 소비를 촉진한다.

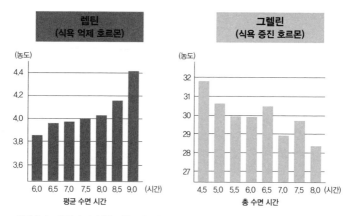

표4-1 수면 시간과 식욕 억제의 관계

렙틴
(식욕 억제 호르몬)

그렐린
(식욕 증진 호르몬)

출처) Shahrad Taheri, et al, "Short Sleep Duration Is Associated with Reduced Leptin, Elevated Ghrelin, and Increased Body Mass Index," PloS Med, 1(3), 2004에 기반하여 작성.

• 수면 부족 상태가 되면 그렐린이 나와 렙틴이 감소하여 식욕이 왕성해진다.

• 과도한 식사량으로 혈당이 오른다.

• 혈당이 높아지면 비만이 되기 쉽고, 몸을 움직이는 것 자체가 귀찮아진다.

    사람에 따라 다를 수는 있지만, 이러한 상태에서 스트레스까지 가중된다면, 흡연과 음주에 빠지기 쉽습니다. 그러면 콜레스테롤이 증가하고 혈당이 오르면서 지질이상증이 생길 수 있습니다. 물론 흡연은 고혈압의 근원이며, 비만 자체도 고혈압의 원인이 됩니다. 즉 수면 부족으로 인해 비만, 나아가 생활습관병을 불러일으키는 악순환에 접어들 우려가 있는 것입니다. 한번 악순환에 빠지면 빠져 나오기 위해서는 엄청난 노

자는 것은 쉬운 것이 아니다

력이 필요합니다.

바꿔 생각하면 생활 리듬이 제대로 유지된다면 그 자체만으로도 병을 예방할 수 있습니다. 이 점을 꼭 유념해 두길 바랍니다.

잠은 아직 베일에
싸여 있다

자고 있을 때는 면역에 없어서는 안 되는 백혈구 중 림프구의 활동이 활성화되어, 잠을 충분히 자는 것만으로도 감염병 예방에 큰 도움을 줍니다. 반대로 수면이 부족하면 림프구의 활동이 저하되어 면역력이 떨어지고, 감기와 같은 감염병에 걸리기 쉽습니다.

게다가 기억 고정이나 정리도 수면 중에 일어납니다. 수면 부족이 이어지면 머리가 멍해지고 기억력이 감퇴하는 것은 모두 이러한 이유에서 비롯된 것일지도 모릅니다.

사실 잠에 관련된 것은 아직 밝혀지지 않은 비밀이 많습니다. 전문가 선생님들의 이야기를 들어 봐도 명확한 해답을 얻을 수 없는 부분이 많이 있습니다.

"깊은 잠, 즉 수면의 질이 좋으면 단시간 만에 피로가 풀린

잠자는 것은 쉬는 것이 아니다

다"라든가 반대로 "얕은 잠, 즉 수면의 질이 나쁘면 장시간 잠을 자도 피로 회복에 도움이 안 된다"라는 설이 있습니다. 다들 한 번쯤은 들어 본 적이 있을 겁니다. 이러한 가설들이 과학적으로 증명된 바는 없습니다. 깊은 잠을 자는 것이 체력을 회복하는 데에 도움이 되는 것은 틀림없지만, **어느 정도 깊은 잠을, 얼마나 오래 자야 하는지에 대해서는 여전히 판명되지 않았습니다.**

현 시점에서 확실하게 알 수 있는 점은 수면에는 렘수면과 논렘수면, 이렇게 2가지 종류가 있다는 것입니다. 그리고 렘수면 동안에는 온몸이 움직이지 않는 상태로 자는 것을 뜻하며, 뇌는 꿈을 꾸고 있습니다. 논렘수면에는 얕은 잠에서 깊은 잠으로 3단계의 수면 단계가 있습니다. 렘수면과 논렘수면은 뇌파로 측정할 수 있기에 틀림없는 사실입니다. 앞으로 잠에 대한 연구가 아무리 발전한다 해도, 렘수면과 논렘수면의 정의가 뒤집힐 일은 없을 겁니다.

지하철에서 자다가
옆 사람에게 기대는
이유

지금부터는 수면에 대해 현 단계에서 밝혀진 사항들을 보다 구체적으로 알아보겠습니다.

수면에는 렘수면과 논렘수면, 두 종류가 있다는 것은 잘 알려져 있습니다. 렘수면의 REM은 'rapid eye movement'의 약자로, '급속 안구 운동'이라는 의미입니다. 렘수면을 취할 때는 잠을 자고 있어도 감긴 눈꺼풀 위로 눈동자가 데굴데굴 움직이는 모습을 관찰할 수 있습니다. 이처럼 눈동자가 움직일 때, 뇌는 꿈을 꾸고 있다고 합니다.

한편 논렘수면은 렘수면이 아닌 상태를 말합니다.

논렘수면은 보통 3단계로 나뉘는데(4단계설도 있습니다), 논렘수면의 머리글자인 'N'을 붙여 가장 얕은 잠을 N1, 중간 잠을 N2 그리고 가장 깊은 잠을 N3로 표기합니다.

사람은 일정한 패턴으로 하룻밤 사이에 몇 번의 렘수면과 논렘수면을 반복합니다. 우선 막 잠이 들었을 때는 논렘수면의 N1에 들어섭니다. 그리고 N2, N3 순으로 깊은 잠에 듭니다. 그리고 왔던 길을 되돌아오듯이 N2와 N1으로 돌아오고, 그다음으로는 렘수면으로 들어갑니다.

렘수면의 특징은 이미 앞서 설명한 것처럼 꿈을 꾼다는 것입니다. 뇌는 움직이고 있지만, 몸은 움직이지 않습니다. **목 아래부터 발끝까지의 활동이 셧다운된 상태이기 때문입니다.** 몸이 움직이지 않으므로 자면서 뒤척이지도 못합니다(잠을 자면서 뒤척이는 건 논렘수면일 때입니다).

소위 말하는 '가위에 눌린다'라는 의미는 렘수면일 때 어떤 영향으로 잠시 의식이 돌아와 몸을 움직이려 해도 움직여지지 않는 것을 깨닫고 당황하기 때문에 일어납니다.

예를 들어 지하철에서 선잠을 잘 때, 가끔 옆 사람에게 기대는 사람은 있어도 대부분은 앉아서 잠든 채로 꼼짝도 안 하는 모습을 볼 수 있습니다. 그건 지하철 같은 곳에서는 깊은 잠에 빠지기 어려워 대부분 렘수면 단계에 머무르기 때문입니다. 만일 여기서 본격적인 수면 상태에 들어가, N1에서 N2, N3 단계로 변해 가면, 몸에서 힘이 점점 빠집니다. 그래서 N2 쯤에 다다랐을 때는 마치 배가 흔들거리는 것처럼 옆 사람 쪽으로 몸이 쓰러지게 되는 것입니다.

논렘수면이 부족하면
치매에 걸린다

'N1→N2→N3→N2→N1→렘'의 순으로 이어지는 수면 사이클의 소요 시간은 약 90분입니다. 우리는 하룻밤 사이에 이렇게 이뤄지는 90분 사이클을 3~4회 반복합니다(표4-2).

가장 깊은 잠에 빠지는 N3일 때는 아무리 외부의 강압적인 강요로 깨우려 해 봐야 여간해서는 잠에서 깨지 못합니다. 하지만 N1이나 렘수면 상태에 있다면 기분 좋게 일어날 수 있습니다.

아침이 되기까지 90분 사이클을 반복하다 보면, N3의 깊은 수면 시간이 점점 줄어들고, 렘수면이 늘어납니다.

렘수면일 때는 뇌가 하루 종일 있었던 일들은 정리하고, 기억에 고정하는 시간입니다. 따라서 렘수면이 주로 차지하는 수면 사이클의 후반부 수면을 등한시하면 전날 자신이 경험

표4-2 수면 사이클

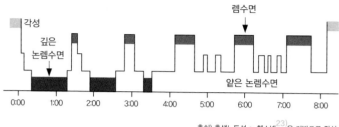

출처) 후생노동성 e-헬스넷[23]을 기반으로 작성.

한 일과를 뇌에 기억으로 고정하지 못하게 됩니다. 간혹 수험생 중에는 수면 시간을 3시간 정도로 줄여 가며 공부에 매진하는 모습을 종종 보게 되는데, 그렇게 되면 렘수면이 길어지기 전에 잠에서 깨게 됩니다. 잠을 푹 자는 편이 기억을 오래 남기고, 학습 능력을 높이는 길이라는 것을 알아 두었으면 합니다.

렘수면과 논렘수면은 체내에서 일어나는 현상이 각각 다르게 나타납니다. 논렘수면일 때는 아밀로이드 베타라는 뇌의 노폐물을 뇌 밖으로 배출합니다.

아밀로이드 베타는 뇌내에서 만들어지는 단백질로, 건강한 사람의 뇌에도 있기는 하지만, 장기간 배출하지 않고 뇌내에 축적되면 인지 능력이 떨어져 인지장애, 즉 치매가 발병합

니다. '치매에 걸리지 않으려면 하루에 몇 시간 이상은 꼭 잠을 자라'는 기준은 없지만, 일반적으로 판단했을 때 5~6시간 이상은 자야 합니다.

나이가 들수록 잠이
사라지는 이유

수면 시간은 나이가 들수록 서서히 변해 갑니다(**표4-3**).

잠자리에 들어 있는 시간(취침 시간이라고 합니다)이나 수면 시간은 나이가 들어도 딱히 변하지 않습니다. 수면 시간은 25세에 7시간 정도, 45세에는 6시간 반 정도, 65세가 되면 6시간 정도로 그렇게 큰 차이는 없습니다.

다만 젊었을 때는 한 번 자면 아침까지 한 번도 깨지 않고 쭉 숙면을 취하는 것이 보통이지만, 중년 이후가 되면 밤중에 몇 번이고 눈이 떠지고는 합니다. 표4-3에서도 중도 각성이 나이가 듦에 따라 점점 늘어나는 것을 알 수 있습니다.

고령자 중에는 '잠이 안 온다'라든가 '잠이 부족하다'라고 호소하는 사람이 많지만, 실제 수면량은 크게 변하지 않았습니다. 이는 **중도 각성 횟수가 많다 보니 잠이 부족하다고 느**

표4-3 나이 변화에 따른 수면 시간

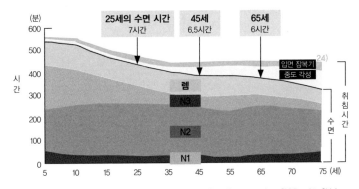

출처) Maurice M. Ohayon, et al. "Meta-Analysis of Quantitative Sleep Parameters from Childhood to Old Age in Healthy Individuals," Sleep, 27(7), 2004를 기반으로 작성.

끼는 것입니다.

어쩌면 낮잠으로 밤에 부족했던 잠을 보충하고 있는지도 모릅니다.

여담이지만, 수면에는 다상성(多相性) 수면과 단상성(單相性) 수면이 있습니다. 다상성 수면이란 하루 중에 몇 번이고 자고 일어나기를 반복하는, 갓난아이의 수면을 뜻합니다. 그리고 아기는 자라서 하루에 한 번 잠이 들면, 그대로 쭉 아침까지 깨지 않는 단상성 수면으로 변해 갑니다.

단 성인이라도 다상성 수면을 취하는 것이 건강에 더 좋다

24) 각성한 뒤에 다시 잠을 청할 때까지의 소요 시간을 뜻한다.

는 설이 있습니다. 실제로 세계적으로 유명한 축구 선수 크리
스티아누 호날두는 하루에 90분씩 5번에 나눠 수면을 취하
는 것으로 유명합니다.

낮잠은 15분이면
충분하다

밤에 수면 시간이 부족한 사람은 낮잠으로 부족한 잠을 보충하기를 권장합니다. 낮잠에는 좋은 점이 꽤 많이 있으니까요. 단, 낮잠은 15~20분 정도로 짧게 자는 것이 좋습니다.

낮잠이 좋은 점

- 피로가 풀린다.
- 판단력 · 이해력 · 집중력이 오른다.
- 의욕이 생긴다.
- 기발한 발상이 떠오르기 쉽다.
- 작업 효율이 오른다.

하나하나 손을 셀 수 없을 정도입니다. 다만 너무 길게 낮잠을 자게 되면 밤에 잠을 이루지 못할 수 있습니다. 따라서

낮잠은 15분 정도가 딱 알맞습니다. 15분이면 앞서 말한 수면 사이클로 환산할 때 아직 N1에 머무를 시간입니다.

N1은 그렇게 깊은 잠이 아니기 때문에 도중에 일어나도 찌뿌드드한 기분이 들지 않습니다. N2나 N3 시점에서 일어나야 한다면, 눈을 뜨기까지 꽤 오랜 시간이 걸릴 수도 있습니다. 게다가 잠에서 깨고 나서도 한동안 멍한 상태를 떨치기 어렵습니다.

만일 15분 이상 자고 싶을 때는 1시간 반 정도 뒤로 타이머를 맞춰 두면 기분 좋게 자고 일어날 수 있습니다. 1시간 반은 90분, 다시 말해 수면 사이클을 한 바퀴 돌 정도의 시간이기 때문입니다.

무엇보다 평균 시간이 90분일 뿐이지, 사람에 따라 수면 사이클의 시간은 다르게 책정될 수 있습니다. 따라서 꼭 90분이 아니더라도 나의 수면 사이클을 한 바퀴 돌 정도의 시간을 맞춰 두고, 기분 좋게 낮잠을 청해 보는 것이 좋습니다.

'피부 재생의 황금 시간'은
허위 광고

한때 '피부 재생의 황금 시간'이라고 해서, "피부 재생을 위해서는 밤 12시 전에 잠자리에 들어야 한다"라고 이야기했던 것을 들어 본 적이 있나요?

밤 12시부터 피부 재생 호르몬이 분비되기 때문에, 12시 전에는 잠자리에 들어야 윤기 나는 피부를 유지할 수 있다는 논리였습니다. 그러나 지금은 피부 재생의 황금 시간이란 따로 없다는 것이 밝혀졌습니다.

성장 호르몬이 피부 재생에 도움을 준다는 건 부정할 수 없는 사실입니다. 단, 밤 12시 정각부터 성장 호르몬이 나온다니, 그건 현실적으로 말이 안 되는 억지 논리였습니다. 현재 학계에서는 수면이 가장 깊을 때인 N3 단계에서 성장 호르몬이 분비되는 것으로 파악하고 있습니다.

그렇다면 어떻게 '피부 재생의 황금 시간'이란 낭설이 나오게 된 걸까요? 아마도 성장 호르몬을 조사하는 실험을 실시한 시간대에 영향을 받은 것 같습니다.

실험에서 밤 12시에 잠자리에 드는 피실험자가 논렘수면을 들어갔을 즈음, 혈액을 채취해 분석했다면 채취한 혈액에서 성장 호르몬이 나왔을 것입니다. 그리고 이 실험을 반복적으로 시행하면서 '밤 12시에는 성장 호르몬이 나온다'라는 설이 만들어진 것 같습니다.

최근 연구에서는 밤12시가 되어서 성장 호르몬이 나오는 것이 아니라 **잠자리에 든 뒤 최초 90분 사이클의 N3일 때 성장 호르몬이 왕성하게 분비된다는 것으로 알려졌습니다.** 만일 이 실험을 밤 9시쯤부터 시작했다면 "밤 9시가 지나면 성장 호르몬이 분비되므로 가능한 한 빨리 잠자리에 듭시다"라는 이야기가 되었을지도 모릅니다.

완벽한 휴식을 위해서는
너무 '오래 자지 않기'

지금부터는 휴식과 활력을 위해서는 어떻게 잠을 자는 것이 좋은지에 대해 설명하겠습니다.

우선 완벽한 휴식을 위해서는 '너무 오래 자지 않는 것'을 염두에 둬야 합니다. 그 이유로는 2가지를 들 수 있습니다. 첫 번째 이유는 필요한 수면 시간은 사람마다 각기 다르기 때문입니다. 수면의 양은 시간으로 잴 수 있으니 평균을 내려면 '6시간'이라든가 '8시간' 등으로 산출할 수 있습니다. 30페이지(우리는 생각 외로 잘 쉬고 있다)에서 소개한 OECD 데이터를 보면, 일본인들의 평균 수면 시간은 7시간이 조금 넘는 것으로 나타납니다.

그러나 그것은 어디까지나 평균치에 지나지 않습니다. 3시간 수면으로 충분한 사람이 있는 반면, 잘 수만 있다면 10시간도 자고 싶다는 사람도 있기 때문입니다. 반대로 3시간만 자도 충분한 사람에게 10시간씩 자라고 한다면, 스트레스가 가중될 뿐입니다.

피로를 잠으로 풀려는 것이 좋지 않은 두 번째 이유는 **쉬기만 해서는 몸의 기능이 약해질 뿐입니다.** 항상 적당히 움직이지 않으면 몸의 기능은 점점 약해집니다.

'침대 휴식'이라는 말을 들어 본 적이 있나요? 이른바 침대에서 안정을 취하는 상태를 뜻하는 말입니다. 즉 잠을 자기 위해 눕는 것이 아니라 쉬려고 누워 있는 상태, 침대 위에서 뒹구는 것을 뜻합니다. 침대 휴식의 대표적인 예로는 병원에 입원하여 침대에서 누워 있는 상태를 들 수 있습니다. 이때는 식사도 침대 위에서 해결하고, 경우에 따라서는 침대 위에서 용변도 처리합니다. 즉 체내의 생리적 활동은 원활하지만 일상생활상의 활동은 거의 멈춰 있는 상태입니다.

침대 휴식 상태가 필요 이상으로 길어지면 체내 기능은 점점 떨어지기 마련입니다.

사실은 단 하루, 침대에 누워서 보내는 것만으로도 몸을 움직이는 골격근[25]이 약 0.5~1% 정도 감소한다는 연구 결과도 보고되었습니다.

---

25) 인간과 동물의 신체를 움직이게 하는 근육으로, 뼈에 부착되어 수축과 이완을 관장한다.

근육량은 20세 정도에 최고치를 찍은 뒤, 나이를 먹으면서 서서히 줄어들다가 70세가 되면 약 60% 감소합니다. 젊음과 건강을 유지하려면 가급적 몸을 움직이면서 체력을 키워야 합니다. 특히 앉아서 오래 일하는 현대인들은 자신의 체력을 높이기 위해서라도 휴일에는 가급적 몸을 움직이는 습관을 길러 봅시다.

자율신경을 조절하여
활력을 되찾다

오래 자다 보면 자율신경 조절이 어려워질 수 있습니다. 먼저 앞서 설명한 내용의 복습인데, 자율신경은 교감신경과 부교감신경, 2가지가 있고 낮과 밤에 교대로 활성화됩니다.

하루 24시간을 낮과 밤, 2개로 나눠 봅시다(표4-4). 아침 6시부터 저녁 6시까지를 낮, 저녁 6시부터 새벽 6시까지를 밤이라고 하면 낮에는 교감신경이 활발하게 움직이는 시간대입니다.

아침에 눈을 뜨는 것은 교감신경이 우위가 되고 흥분계 호르몬 물질인 코르티솔이 분비되기 때문입니다. 그와 더불어 혈압도 조금씩 오르고, 완벽하게 몸에 기운이 돌면서 밖으로 나가 활동할 수 있는 준비를 마칩니다. 점심쯤 바깥 활동에 최적의 몸 상태가 되고, 본인이 생각하는 속도나 동작의 속도

표4-4 서캐디언리듬

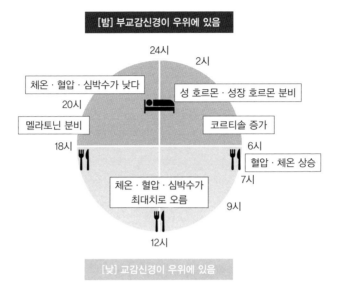

[밤] 부교감신경이 우위에 있음

24시   2시

체온 · 혈압 · 심박수가 낮다

성 호르몬 · 성장 호르몬 분비

20시

멜라토닌 분비

코르티솔 증가

18시   6시
혈압 · 체온 상승
7시

체온 · 혈압 · 심박수가
최대치로 오름

9시

12시

[낮] 교감신경이 우위에 있음

가 최고로 빨라집니다. 체온도 하루 중 가장 높은 상태입니다.

저녁이 되면 교감신경에서 부교감신경으로 바뀝니다. 뇌의 송과체(松果體)[26]에서 수면을 유발하는 호르몬인 멜라토닌이 나와, 우리 몸의 심부체온이 1~1.5도 떨어지면서 졸음이 쏟아집니다. 이윽고 잠이 들고 부교감신경이 활성화되면 성

---

26) 뇌의 중심부에 위치한 작은 내분비기관으로, 멜라토닌을 분비하여 생체 리듬을 조절하는 역할을 한다. 소나무 열매처럼 생겼다고 하여 '솔방울샘'이라고도 불린다.

호르몬이나 성장 호르몬이 왕성하게 분비됩니다. 체온은 하루 중에 가장 낮아집니다.

그리고 다시 아침을 맞이합니다. 이러한 식으로 우리 몸은 하루를 아주 잘게 쪼개어 각각의 활동을 이어 갑니다. 생물로서 리듬에 반하는 활동을 하면 당연히 지치기 쉽고, 자율신경이 제대로 작동하지 않아 피로의 악순환으로 돌입합니다. 자율신경이 활동하는 서캐디언리듬에 따라 규칙적이고 바른 생활을 보내는 것이 자율신경을 조절하는 것으로 이어집니다. 이것이 바로 활력을 높이기 위한 첫걸음입니다.

수면의 질을 좌우하는
3가지 방법

지금까지 "너무 많이 잔다"는 것이 문제라고 말했지만, "잠을 잘 못 잔다"라고 말하는 사람도 있을 것입니다. 이건 또 이대로 '공격적 휴식'에 큰 문제가 됩니다.

일단 수면 리듬이 깨지면 다시 잠들기가 어렵고, 그로 말미암아 낮에는 졸음이 쏟아져 마음먹은 대로 일을 진행할 수 없게 됩니다.

그러나 수면 리듬을 조절하는 방법이 아예 없는 건 아닙니다. 현재 병의원 등에서 사용하는 수면제는 크게 나누어 항상성 조절계[27]와 각성 조절계[28], 체내 시계계[29]의 3종류가 있습니다(표4-5). 각각의 약이 우리 몸에서 어떻게 작용하는지, 그 효능에 대해 알면 약을 먹지 않아도 어떻게 하면 잠을 잘 잘 수 있는지 알 수 있습니다. 또한 나의 평온한 수면을 방해하

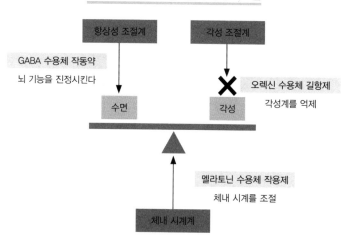

표4-5 수면을 조절하는 3가지 시스템

는 것이 무엇인지도 이해할 수 있게 될 것입니다.

우선 '항상성 조절계'라는 방법입니다. 항상성 조절계라는 명칭은 사람은 졸리면 자는 것이 '항상성 사이클'이므로 여기에 착안해서 붙여진 이름입니다. 흥분하여 쉽게 잠들지 못하는 사람에게는 '좀 더 편안하게 안정적으로 푹 쉴 수 있게끔'

---

27) 신체의 기본적인 수면 욕구를 조절하는 데 도움을 주며, 신경전달물질인 아데노신과 감마 아미노부르티산(GABA)으로 조절된다. 또한 항상성 조절계를 조절하는 대표적인 약물로는 신경계 억제를 강화하고 불안감과 근육 긴장을 줄여 빠른 수면을 돕는 벤조디아제핀 계열과 벤조디아제핀보다 부작용이나 의존도가 낮은 비벤조디아제핀 계열(졸피뎀)이 있다.
28) 신체의 각성 상태를 억제하며, 주로 항히스타민제나 오렉신 시스템을 억제하는 오렉신 수용체 길항제로 각성을 감소시키고 수면을 유도한다.
29) 신체의 리듬을 조절하여 수면을 촉진한다. 주로 멜라토닌 작용을 강화하여 수면을 유도한다.

신경전달물질인 가바를 처방합니다. 최근에는 가바 성분이 들어 있는 초콜릿이나 껌을 종종 볼 수 있습니다.

정리하면 약을 먹지 않아도 기분이 가라앉아 잠을 이룰 수 있다면 좋다는 것입니다. '심장이 두근거려서 잠을 잘 수 없을 때가 많다'는 자각이 있는 사람은 자기 전에 교감신경을 자극할 만한 것을 피하고, 부교감신경을 극대화할 수 있는 방법을 궁리해야 합니다.

밤에는 강한 빛을
피하는 게 좋다

수면 조절의 두 번째 방법인 '각성 조절계'는 '눈이 떠질 만한 요인을 없애는 것'입니다. 구체적으로는 '오렉신(Orexin)[30]'이라고 각성을 일으키는 물질을 강제로 멈추게 합니다. 수면제의 도움 없이 오렉신을 갑자기 멈추게 하는 것은 어렵지만, 보통 밤에는 오렉신이 나오지 않기 때문에 하루의 생활 리듬을 일정하게 유지하면 오렉신의 분비를 줄일 수 있습니다.

수면 조절 방법의 마지막은 '체내 시계계'입니다. 약을 먹는 경우, 멜라토닌 수용체 작용제를 이용해서, 체내 시계를 조절하여 밤이 되면 자연스레 잠을 이룰 수 있도록 하는 방법입

30) 흥분성 신경펩티드 호르몬에서 이름이 붙여진 오렉신은 다른 말로 하이포크레틴(hypocretin)이라고도 한다. 각성 신호 전달 물질로, 식욕 증가에 큰 영향을 미친다.

니다.

207페이지(자율신경을 조절하여 활력을 되찾다)에서 설명한 것처럼 밤이 되면 수면 유발 호르몬인 멜라토닌이 나옵니다. 멜라토닌은 아침에 일어나 태양빛을 받은 뒤로 약 14~16시간 뒤에 분비됩니다. 즉 잠자리에 드는 시간과 멜라토닌 분비 시간을 맞춰서 14~16시간을 역산하면, 아침에 일과를 시작해야 할 시간이 정해집니다. 이로써 약에 의존하지 않고 수면 시간을 조정할 수 있습니다.

저녁 이후 2,500럭스 이상의 강렬한 빛을 쬐거나 노트북이나 스마트폰의 블루라이트를 보는 일은 그만두도록 합니다. 뇌의 송과체에서 '오늘은 해가 길구나'라고 착각하여 멜라토닌 분비를 억제하여 잠을 잘 수 없게 됩니다.

그렇다면 2,500럭스 이상의 강렬한 빛이란 어느 정도의 밝기일까요? 맑은 날 사무실에 앉아 창을 통해 내리쬐는 밝기 정도입니다. 저녁 시간, 가정에서 켜는 불빛이 500~700럭스쯤 되니, 상당히 눈이 부신 밝기입니다. 한밤중에 편의점에서 비치는 빛이 1,500~1,800럭스 정도이므로, 퇴근할 때에 편의점에 잠시 들르는 것 정도는 잠을 자는 데 영향은 없을 거같습니다.

블루라이트는 파장이 380~495나노미터의 청색광인데, 인간의 눈으로 볼 수 있는 가시광선 중에서 가장 강한 빛입니다. 그 때문에 눈의 각막이나 수정체에서 흡수되지 않고 망막까지 다다릅니다. 노트북이나 스마트폰의 LED 디스플레이나 LED 조명으로 자주 쓰이고 있으므로 잠자리에서는 스마트폰을 멀리하는 것이 좋습니다.

스마트폰을 꼭 봐야 할 상황이라면, 스마트폰 화면에 블루라이트 차단 기능의 보호 필름을 붙이거나 전용 안경을 쓰는 등의 노력이 필요합니다. 불면을 해소하는 의학적 처방을 알아 두고, 나에게 알맞은 휴식을 찾아 취해 줘야 합니다.

새로운 '휴식'의 시대

일과 상관없이
일단 쉰다

당신은 일과 중에 일정한 휴식 시간을 두고 있나요?

아마도 급한 업무를 우선시하고, 남은 시간에 쉬는 스타일은 아닌지요?

일본의 많은 회사는 대체로 1년간의 업무가 3월 말에 끝나고 4월부터 신년 계획이 시작됩니다. 그런데 제가 살고 있는 독일은 12월 말로 1년의 업무가 끝나고 1월 1일부터 다음 연도가 시작됩니다. 그리고 새로운 해가 시작되자마자 우선 무엇을 하느냐, 바로 각각의 회사 멤버들이 올해 장기 휴가 일정에 관해 이야기를 나눕니다.

"당신은 언제 갈 거야?"

"나는 이쯤에 갈까 싶어."

캘린더에 휴가 일정을 써 넣으면서 한 해의 일이 시작되는 것입니다. 즉 휴가를 먼저 확보하는 것입니다. 그리고 휴가 일정이 돌아오면 무슨 일이 있든 일단 쉬고 봅니다. 반면 일본인들은 어떤가요?

"일이 좀 어느 정도 마무리되면 쉬어야지."

"여유가 생기면 휴가를 받아야지."

"하던 일을 끝내고 나면 생각해 봐야지."

업무의 연장선으로 휴가를 잡거나, 지쳐서 더는 일을 하지 못하는 상태가 되어서야 장기 휴가에 들어가는 경우가 많습니다. 애당초 휴가 따위는 염두에 두지 않는 것과 다름이 없습니다.

피곤해질 것 같으면
미리 쉰다

장기간 휴가는 성수기가 되기 전에 가는 것이 이상적이라고 생각합니다. 충분한 휴식으로 활력을 얻어 최상의 컨디션으로 바쁘게 돌아가는 중요한 일을 착착 처리할 수 있기 때문입니다.

예를 들어 등산을 간다고 가정해 봅시다.

"에너지바랑 물은 넉넉하게 챙겨야지."
"혹시 도중에 하산하지 못할 수도 있으니 침낭을 챙겨 갈까?"

등산에 필요한 물품이나 자칫 일어날지도 모를 상황들을 연상하면서 준비를 합니다.

마찬가지로 앞으로 얼마나 바쁜 일이 닥쳐올지, 그 때문에 얼마나 피로한 상황에 놓일지 예상하고, 그에 필요한 에너지와 활력을 미리 챙겨 두는 것입니다.

　요컨대 피로해서 쉬는 것이 아니라, 피로해질 것 같은 상황을 예견하고 미리 쉬어 두는 것이라고 말해도 좋습니다.

　이것은 장기 휴가에 한정된 것이 아니라 매일, 매주의 스케줄 관리에서도 필요한 마음가짐입니다.

> '내일은 아이와 함께 공원 나들이를 갔다가 돌아오는 길에 장을 보고 오려면 굉장히 피곤하겠지? 오늘은 일찍 자서 에너지를 충전해야겠다.'
> '이번 주는 서류 업무가 많으니 스트레스는 받아도 체력적으로는 덜 힘들 것 같네.'

　예정된 활동을 역산해 보면, 필요한 만큼의 에너지를 충전해 둘 수 있습니다. 꼭 바꿔 보기 바랍니다.

저는 것은 하는 것이 아니다

한 주의 시작을
'토요일'로 바꾸자

여러분은 평소 스케줄을 어떻게 관리하시나요? 일단 다이어리나 스마트폰에 빼곡하게 일정을 적어 놓겠지요? 대개는 일요일에 일정표를 열어 내일부터 시작될 한 주의 일정을 확인하면서 주말을 마무리할 겁니다. 그러나 이러한 일정 관리를 내일부터는 당장 그만두세요. 대신 주말이 시작되는 토요일에 한 주의 일정을 한번 훑어보는 것으로 바꾸길 권장합니다.

다음 주의 평일 닷새간의 일정이 예상보다 빠듯하거나 순조롭지 못할 것 같은 상황이라면 토요일과 일요일 양일간, 공격적인 휴식으로 푹 쉬어 주세요. 확실히 쉬고 나서 활력을 100% 충전한 다음 월, 화, 수…… 조금씩 소모하면서 금요일에는 완벽하게 탈진하는 것이 이상적으로 일주일을 보내는 방법입니다.

우리는 자신의 활동 능력이 무한대라고 착각하고, 일정을 하나둘 계속해서 욱여넣기 일쑤입니다. 만일 토요일에 '이번 주말은 아무래도 쉴 수가 없다'라고 판단한다면 다음 평일 닷새간의 스케줄 가운데 얼마간을 다음 주로 옮기거나 혹은 다른 사람에게 부탁한다는 식으로 조정해도 좋습니다.

이것은 닭이 먼저냐, 달걀이 먼저냐 같은 이야기로, 일단은 '평일 뒤에 오는 주말에 쉰다'가 아닌 '주말에 쉰 만큼 평일에 일한다'로 생각을 전환하는 게 필요합니다.

시판되고 있는 다이어리나 스마트폰의 캘린더는 죄다 '월요일부터 시작'되거나 '일요일부터 시작'됩니다. 개인적으로는 이것들을 모두 '토요일부터 시작'하는 것으로 바꿔 주면 좋겠습니다. (하하)

물론 세상일이 내가 뜻하는 대로 다 이뤄지지는 않습니다. 화요일에는 에너지의 80%가 남았는데, 수요일에 말도 안 되게 바빠서 한꺼번에 50% 아래로 떨어질 수도 있습니다. 그런 때에 '그럼 점심시간에 낮잠 자기'나 '동료와 함께 맛있는 점심을 먹으며 즐겁게 지내기' 등 주말이 오기 전에 에너지를 충전하기 위해 노력해 보는 것은 어떨까요?

본격적으로 피로가 쌓이기 전에 틈틈이 쉬거나, 나름의 활력을 쌓을 만한 이벤트를 마련해 보세요.

틈틈이 쉬는
휴식의 기술

"어젯밤에는 제대로 못 쉬었어."

"다음 주 일요일은 휴일인데도 출근해야 해서 피곤하겠네."

우리가 휴식을 생각할 때, 이런 식으로 아침·점심·저녁이라든가 토요일, 일요일 식으로 묶어서 생각하고 있지는 않나요?

현실적으로 하룻밤 푹 쉬거나 하루를 꼬박 쉰다는 것이 생각만큼 간단한 일이 아닙니다. 쉬고 싶은데 쉴 수 없다면 기분마저 축 처집니다. 그렇다고 걱정할 필요는 없어요. 실제로 일을 하는 **틈틈이 생기는 여유 시간에도 휴식은 충분히 취할 수 있습니다.**

제 아내를 보고 있으면, 종종 이웃들과 길거리에 서서 이야기를 나눕니다. 그 모습을 보고 있자면 '뭘 저렇게 매일 할 말이 많지?'라는 생각이 들 정도지만, 그녀들에게는 그것이 굉장히 중요한 휴식 시간입니다.

앞서 정의한 '7가지 휴식 모델'로 말하면, 이웃들과 길에 서서 이야기를 나누는 것은 '친목' 유형에 해당하고, '전환' 유형에도 해당됩니다. 게다가 찰나의 시간을 이용하여 이 2가지 휴식을 모두 만족하다니, 이 얼마나 영리한 휴식인가요.

이런 식으로 생각을 조금 바꿔 보면 5분, 3분 아니면 단 1분으로라도 가능한 휴식은 얼마든지 있습니다.

의자에서 일어나 심호흡을 하고 크게 기지개를 켜다가 눈이 마주친 앞자리 사람과 눈웃음을 교환한다든가, 조금 여유가 생긴 시간에 간단한 뭔가를 만들어 보는 것도 훌륭한 휴식이 됩니다.

평일 점심시간은 어떻게 보내고 있나요? 컴퓨터 앞, 자리에 앉아서 편의점에서 사 온 도시락을 펼치고 있지는 않나요? 내일부터는 회사 안에 있는 회의실에서 동료들과 함께 점심을 먹거나 공원에 나가 햇볕을 쬐며 먹는 것은 어떨까요? 아주 조금 행동을 바꾸는 것만으로도 휴식의 질은 한층 더 높아질 것입니다.

피로감을 기록하기

운동선수들은 매일, 자신의 운동 기록을 일지로 남겨 '가시화'합니다. 일지에는 아침에 일어났을 때의 컨디션을 매우 자세히 기록하고, 중요하게 여깁니다. 아침을 맞이하는 상태만으로도 그날의 컨디션이 좋은지 나쁜지 판단할 수 있고, 그에 맞는 훈련 계획을 세우기 때문입니다.

컨디션이 매일 바뀌는 건 지극히 당연한 일입니다. 인간은 스마트 폰이 아니라서 아침에 일어나면 자동으로 100% 충전되어 있기 어렵습니다. 운동선수들은 하루도 빠짐없이 일지를 남김으로써 '이런 컨디션에는 대체로 이 정도의 실력밖에 나오지 않았다'라든가 '이 이상 무리했다가는 부상의 위험이 있다' 등 자신의 상태를 한눈에 파악할 수 있게 된다고 합니다. 그래서 스스로 자신의 컨디션을 조절할 수 있게 됩니다.

간혹 자기 객관화가 되지 않은 선수에게는 트레이너가 나서서 "지금 이러저러한 상태이므로 욕심부리지 않는 편이 좋겠다. 연습은 이 정도로 해 두자"라는 식의 조언을 건네기도 합니다. 직장에서는 상사가 트레이너 역할을 맡아 줍니다. 운송 회사에서 운전사들의 스케줄 관리 업무를 맡은 매니저들은 기사들이 일에 나설 때마다 "컨디션은 어떠십니까?"라고 묻거나, 따로 검사를 하는 곳도 서서히 늘어나고 있습니다. 그러나 자신의 컨디션은 자신이 제일 잘 알고 있으므로, 최종적으로는 자신이 책임지고 파악해야 할 부분입니다.

직장인도 다이어리의 한쪽에 자신의 컨디션을 표시하는 기호나 숫자를 적어 보는 건 어떨까요? 다이어트를 위해 매일 식단을 기록하는 '다이어트 식단 체크'가 있는 것처럼 자신의 몸 상태에 귀를 기울여 체크하고 기록해 보면 좋을 것입니다.

꾸준히 기록하다 보면 자신의 피로감에 민감해집니다. '회사를 쉴 정도는 아니지만, 실수가 잦아지네'라든가 '오늘은 몸이 안 좋은 것 같으니 정시에 퇴근해야지' 등 스스로 자신의 컨디션을 조절할 능력도 생깁니다.

피로가 절정에 다다랐다고 판단되면 회사를 하루 쉬는 선택지도 있습니다. 만일 그날 대면 회의가 예정되어 있다고 해도 다행히 지금은 온라인 미팅도 가능하고, 메일이나 채팅 등으로도 얼마든지 일처리는 가능합니다.

'쉴 때는 피차일반'이라는
생각으로 쉬자

독일에는 고용주가 고용인에게 연간 24일 이상의 휴일을 반드시 부여해야 하는 '연방 휴가법'이란 법이 있습니다. 제가 들은 바에 의하면, 이런 휴일이 생긴 데는 종교상의 이유가 있다고 합니다.

기독교의 교리로는 일하는 것은 미덕이 아니라 '벌'입니다. '고난과 역경의 벌을 받고 있다'라는 발상으로, 함께 일하고 있어도 "빨리 집에 가고 싶다. 회사에는 가능한 있고 싶지 않아"라고 말하는 사람뿐입니다.

일본인이라면 '그렇게 빨리 돌아가고 싶어서 안달복달할 거라면 회사를 그만두는 게 낫지 않나?'라고 생각하겠지만 실제는 그 반대입니다.

주어진 시간 내에 집중하여 효율적으로 일을 하는 것, 빨리 쉬려면 최선을 다해 일을 마쳐야지,라고 자신의 능력치를 최대로 끌어 올립니다.

그래서일까요? 독일인들은 업무 중의 생산성이 상당히 높은 편입니다. 반면 일본인은 장시간 군소리 없이 일만하는 '일개미'의 이미지가 강하게 남아 있지만, 실제로 1시간당 생산성은 그다지 높지 않습니다. 비효율적으로 일하고 있을 때도 종종 있는 것 같은 생각도 듭니다.

한편 독일인들은 휴가를 가기 전이 되면 굉장히 흥분한 목소리로 "이번 주말에 여기에 가서 이렇게 저렇게 시간을 보내고 올 거야"라면서 휴가 계획을 말해 주고는 합니다. 그리고 휴가를 마치고 돌아와서는 아주 건강하고 밝은 목소리로 "말도 안 될 만큼 신나게 놀았어!"라며 신이 나서 휴가 이야기를 떠들어 댑니다.

물론 누군가가 장기간 휴가를 떠나면 일에 구멍이 뚫릴 수밖에 없습니다. 다만 거래처도 **"담당자가 휴가를 떠났으니, 뭐 기다려야지. 어쩔 도리가 있나?"** 하고 받아들여 줍니다.

다시 말해 '쉬는 것은 서로 피차일반이지'라고 사회적으로 용인하는 부분이 존재한다는 것입니다. 물론 의료기관 등 일분일초가 다급하게 돌아가는 긴급 상황은 별개지만, 약간의 사업 문의 정도라면 회신이 몇 주 늦어진다고 해서 대단히 큰 문제는 일어나지는 않습니다.

'근무 간 인터벌' 제도가
확장되고 있다

일본에서는 누군가 휴가를 간다고 하면 곧 "일을 대신해 줄 사람이 없으면 곤란하다"라는 이야기가 심심치 않게 들려옵니다. 이래서는 선뜻 휴가를 낼 수 없게 됩니다.

회사에 따라서는 유급 휴가를 떠나는 사람이 아침 회의에 앞서 "모월 모일부터 모일까지 휴가를 다녀오겠습니다. 폐를 끼쳐 죄송합니다"라고 고개를 숙이는 규칙까지 있다고 합니다. 그런 보수적인 일본에서도 드디어 업무 형태를 바꾸려는 움직임이 나타나고 있습니다.

1993년 EU(유럽 연합)에서 발표한 '노동시간 제한'을 본보기로 만든 것으로, '근무 간 인터벌'이나 '근무시간 인터벌' 등으로 불리고 있습니다.

EU의 발표는 '24시간 중 11시간은 휴식 시간으로 보장한다'라는 것으로, 간단히 말하면 몇 시간이고 주야로 일하는 것을 금지하고, 일정 시간 휴식을 보장하는 것을 의무화하고 있습니다.

예를 들어 어느 날 밤 12시까지 야근을 했다고 칩시다. 근무 간 인터벌을 적용하면 다음 근무까지 11시간의 휴식을 취해야 하므로, 다음 날 출근 시간은 오전 11시 이후가 되는 것입니다.

휴식 11시간에는 당연히 수면 시간과 식사 시간, 가족과 보내는 시간, 사생활을 위한 시간 등이 포함됩니다.

이 근무 간 인터벌은 일본에서는 아직 법적으로 의무화되지는 않은 상태입니다. 그러나 최근 들어 조금씩 근무 간 인터벌에 대한 중요성이 대두되고, 기업이나 공기업, 공공기관에서 이 제도를 도입, 확장하고 있습니다. 이로써 그간의 과도한 업무가 조금은 개선되기를 기대해 봅니다.

코로나19를 계기로 재택근무가 일반화된 것도 있고, 회사에서 장시간 일하는 것만으로 높은 평가를 받는 일도 줄어든 탓이라고 생각합니다. 재택근무 중에는 직원이 "오늘은 ○○시간 일했습니다"라고 보고해도 정말 일하고 있는지 확인할 수조차 없었습니다. 일을 한 시간이 아니라 일의 질이나 양을 중시하는 시대에, 일본도 한 걸음씩이지만 전진하기 시작하고 있습니다.

일본의 직장 문화가
바뀌고 있다

"일을 한 시간이 아니라 일의 질이나 양을 중시한다."

"같은 목표를 달성한다면 단시간 내에 달성하는 편이 우수하다."

"제한된 시간 내에 효율적으로 일하는 게 더 중요하다."

경영자 사이에서도 이와 같은 생각으로 점차 바뀌어 가고 있습니다.

제가 젊었을 때만 해도 상사가 내린 지시 사항에는 애매한 부분이 많았습니다. 예를 들어 마감 일정은 언급하지 않고 "최선을 다하라"라고 말할 뿐이었습니다. 딱히 급한 일이 아닌데도 부하 직원에게 "가능한 한 빨리 처리할 수 있겠지?"라고 부담을 주기도 했고, 그날 중에 끝내라는 무리한 요구를 하기도 했습니다. 격무에 시달리는 것 자체가 당연한 일상이라는 분위기가 회사 내에 있었습니다.

만일 상사가 "이 일은 이번 주 내로만 하면 됩니다"라고 말해 줬다면 부하 직원은 나름의 스케줄을 짜서 야근하지 않고도 일을 끝낼 수 있었을 겁니다. 다시 말해 상사가 시간을 들여 완벽을 기해야 하는 일과 다소 실수가 있더라도 빠르게 처리해야 하는 일을 구분해서 명확하게 지시해 줬다면 부하 직원은 자신의 재량으로 일의 진행 방법을 판단했을 것입니다.

최근에는 명확하게 지시하는 일을 매우 중시합니다. 일의 진행 방법을 핵심평가지표(Key Perform ance Indicator, KPI)로 판단하는 회사도 늘었습니다. 그러면 "이번 분기의 목표는 이미 달성했으니 앞으로 야근을 하면서까지 노력하지 않아도 된다" 등을 예측할 수 있게 되었습니다. 일본의 직장 문화도 이렇게 조금씩 바뀌어 가고 있습니다.

쉴 때는 확실하게 쉬기

이러한 시대에는 **우리의 의식 개혁도 꼭 필요합니다.** 만일 회사에서 근무 간 인터벌을 실시한다면 다음 일을 하는 것은 퇴근하고 나서 11시간 뒤이므로, 일이 남아 있어도 다음 날 일찍 출근할 수 없습니다. 그러니 정해진 시간 내에 주어진 일을 끝내야만 나에 대한 평가도 좋아집니다. 자연스레 '가능한 한 생산성을 올려야지'라는 생각으로 이어집니다.

생산성을 높이기 위해서는 자신의 능력을 100% 발휘해야 합니다. 제1장에서 소개한 프리젠티즘처럼 **'출근했지만 멍하니 책상 앞에 앉아만 있을 뿐'의 상태는 더 이상 허락되지 않습니다.**

이런 식으로 일본의 직장도 '일할 때에 집중하여 최선을 다해야만 쉴 때 확실히 쉴 수 있다'라는 생각의 전환이 이뤄지고 있는 것이 아닐까요?

적절한 예는 아닐지도 모르지만, LGBTQ[31]로 일컫는 성적 소수자 분들은 지금까지 주위의 따가운 시선에 많이 지쳤으리라 생각됩니다. 그러나 최근에는 사회 전체적으로 그들을 받아주고 이해해 주는 분위기로 변해 가면서 색안경을 끼고 보는 일이 줄어드는 경향입니다. 쉬는 것도 마찬가집니다. 휴식이나 휴가에 대한 사회적 이해도가 깊어짐에 따라 이전처럼 쉬는 것 자체를 '땡땡이'나 '게으름'이라고 생각하는 부정적인 이미지는 많이 사라지고 있습니다.

'피로가 쌓였을 때는 눈치 보지 않고 쉴 수 있는 사회'를 만들기 위해서는 먼저 회사의 경영자나 윗선들의 생각이 바뀌어야 합니다. 총무과나 인사과 등 관리 부문에서는 휴가 활용법에 대한 아이디어를 공유하고, 50인 이상의 기업이라면 사업장 안에 의료진이나 산업보건사 등이 상주하는 것도 좋습니다. 그리고 그런 분들은 꼭 휴식에 대해 좀더 이해하기를 바라고 있습니다.

---

31) Lesbian(레즈비언), Gay(게이), Bisexual(바이섹슈얼), Transgender(트랜스젠더), Questioning(퀘스처닝)의 약자로, 성소수자 인권 운동 진영의 안팎에서 성소수자를 지칭하는 말로 주로 사용한다. 퀴어(Queer, 성소수자가 스스로를 나타내는 말 중 하나)보다는 논쟁이 덜한 용어로 알려져 있다.

피곤한 건
꾀병이 아니다

저는 "쉬는 것에 죄책감이 느껴진다"라고 말하는 사람들에게 항상 이렇게 대답합니다.

쉬는 것은 게으른 것이 아닙니다!

몇 번이고 반복해서 말하지만, 피로란 활동 능력이 저하된 상태입니다. 건강하다면 낼 수 있는 능력을 100% 다 쏟아내지 못하는 상태가 바로 피로한 상태입니다. 그래서 쉬고 싶다면 그것은 꾀병이라 부를 수 없습니다.

만일 피곤하지도 않은데 쉬고 싶다면 그것은 꾀병일지 모릅니다. 혹은 왕따 등의 문제가 있거나 다른 병이 난 것일지도 모릅니다. 그러나 확실하게 자신의 능력이 떨어져 있다면 그것은 꾀병이라 부를 수 없습니다.

지금까지 우리는 피곤해도 그 피곤한 감정을 무시한 채 무리하는 사회인으로 책임을 다해 살아왔습니다. 그러나 앞으로의 시대는 부지런히 나의 피로를 감지하고 부지런히 대책을 세워 피로를 풀고 건강한 상태로 일하는 것이 사회인으로서의 책임 있는 행동이 아닐까요?

그럼에도 고지식한 사람들은 '쉬어서는 안 돼'라고 생각할지도 모릅니다. 그럴 때는 이런 식으로 생각해 보세요.

'회사는 내가 100%의 실력을 보여 줄 거라고 기대하고 고용 계약서에 사인했어. 70%나 50%의 실력밖에 보여 줄 수 없다면 나는 계약 불이행을 하고 있는 거야.'

100% 실력을 보여 준다는 전제하에 고용 계약을 체결한 것이기에 50%의 실력을 내보인다면 회사 측에서는 되레 손해를 보고 있는 것입니다.

그보다는 유급 휴가를 써서 확실하게 쉬고, 100%의 실력을 보여 줄 수 있는 상태로 회사에 출근하는 것이 회사를 위한 일입니다. 이런 식으로 생각한다면 쉬는 것에 대한 죄책감은 떨쳐 낼 수 있지 않을까요?

여러분이 자신만의 새로운 '휴식 방법'을 찾아낸다면 일본은 분명히 변할 것이라고, 저는 믿고 있습니다.

피로는 '병'이 되고 있다

'질병 생성론(Pathogenesis)'이란 말을 들어 본 적이 있나요? 뭔가 원인이 있기 때문에 병에 걸립니다. **병의 원인을 찾아내 없애면 질병은 없어진다**는 발상에서 비롯된 논리로, 서양 의학의 기반이 됩니다.

일본에서는 스트레스나 피로를 일반 질병처럼 '푹 쉬고, 자고 나면 툴툴 털어낼 수 있다'라고 생각하는 것 같습니다. 그러나 저는 스트레스나 피로를 질병 생성론에 맞춰 생각하는 건 어렵다고 생각합니다.

애당초 피로나 스트레스의 원인을 완전히 제거하는 것은 불가능합니다. 만일 일이나 가사가 스트레스의 원인이 된다 해도 그것을 완전히 배제하고 살아갈 수는 없습니다.

피로감이나 스트레스를 해소하지 않고도 건강하게 살기 위해서는 질병 생성론이 아닌 '건강 생성론(Salutogenesis)'에 입각하여 생각해야 합니다.

건강 생성론이란 현 상태에서 무엇을 더하면 건강해질 수 있는지 생각해 보는 것입니다. 애당초 건강이란 어떤 상태를 말하는 걸까요? 사실 일본에서는 전쟁이 막 끝난 1947년에 WHO(세계보건기구)에서 발표한 내용에 입각하여 '육체적, 정신적, 사회적으로 모두 충만한 상태'라고 정의했습니다. 하지만 '충만한 상태'가 어떤 상태를 뜻하는지는 명확하게 와 닿지 않는 개념이기는 합니다.

국민보험제도에서 구분하는 '건강'과 '병'

건강에 대한 정의가 불분명한 채로 일본에서는 1958년 국민건강보험법이 제정되었고, 1961년에는 전국 각 지방 자치 단체에서 국민건강보험 사업이 시작되었습니다. 이는 이제 막 태어난 아기부터 노인에 이르기까지 일본에 사는 모든 사람은 건강보험에 가입하고, 누구든·언제·어디서나 의료보험을 받을 수 있도록 한 모두 보험제도로 획기적인 제도였습니다. 옛날에는 병에 걸려도 치료비가 없어 병원에 갈 수 없는 사람이 적지 않았습니다.

그러나 휴식학의 관점에서 본다면, 이 건강보험에는 약간 문제가 있습니다. 병에 걸렸을 때, 의료비 부담을 모두 보험료에서 지출하는 이상, 그 이용 자격이 있는지 없는지, 어느 선까지 보장할 수 있는지에 대한 명확한 선긋기가 필요했습니다. 즉 '**여기까지는 병이 아니지만, 여기서부터는 병입니다'라는 건강과 병을 둘로 나누는 기준을 만들지 않으면 안 되었던 것입니다.**

현재 일본의 의료 제도에 대해 극단적으로 설명하자면, 자신은 건강하다고 생각해도 의료진이 "당신은 병에 걸렸습니다"라고 진단을 내리는 그 순간부터 병자가 되어 버립니다. 반대로 병에 걸린 것을 자각하더라도 검사 결과가 정상 수치 범위 내에 있다면 "그다지 걱정할 일은 없습니다. 일단 상태를 지켜보세요"라며 집으로 돌려보냅니다. **평균적인 검사 수치 이상이 나오지 않는 한, 건강하다고 판단합니다.**

두 종류의 '미병'

컨디션이 좋지 않아서 병원에 갔는데, 건강하다고 진단받는다면 어떻게 될까요? 당장 몸이 아픈데도 불구하고 건강하다고, 아무런 이상이 없다고 단언하는 것은 언어폭력에 가까울 정도로 가혹한 진단입니다.

그래서 주목받고 있는 개념이 바로 '미병(未病)'입니다. 미병은 2000여 년 전, 중국 의학서에 나오는 말로, 병은 아니지만 건강하지도 않은 상태를 뜻합니다.

일본에는 '일본미병학회'라는 단체도 있습니다. 이 학회에서는 약 2000년 전에 중국에서 언급한 미병과는 별개로 '자각 증상은 없지만 검사상 이상이 있는 상태(서양형 미병)'와 '자각 증세는 있지만 검사상 이상이 없는 상태(동양형 미병)'로 나눠, 이것을 '미병기'라고 정의합니다. 또한 '병이 나기 직전의 미병(M-1)'과 '건강에 가까운 미병(M-2)'으로 분류합니다.

병이 나기 직전의 미병(M-1)이란 검사상 이상 수치가 나오지만 자각 증상이 없는 상태를 말합니다. 사실 이런 현상은 아주 빈번하게 일어나는데, 예를 들어 고혈압 초기나 당뇨병 초기에는 혈압을 재고, 혈액 검사를 하면 이상 수치가 나타나지만 본인에게는 아무런 자각 증세가 나타나지 않습니다. 그러나 M-1의 경우에는 의료진이 나서 치료를 권할 가능성이 높습니다.

문제는 M-2입니다. M-2에 속하는 환자는 의료진을 찾아 자각 증세를 호소하고, 관련 검사를 진행해 보아도 뚜렷한 이상 수치가 발견되지 않습니다.

미병에 대처하는 우리의 자세

"컨디션이 안 좋다"라고 말한다는 건, 피로를 느끼고 있는 상태입니다. 즉 피로는 미병의 일종이라고 말할 수 있습니다.

그러나 **미병, 즉 '이렇다 할 병명으로 정의할 수는 없지만, 그렇다고 건강하지도 않은 상태'는, 질병 생성론을 앞세운 서양 의학에서는 치료 대상군(다시 말해 환자군)에서 제외됩니다.** 그렇다고 건강에 가까운 미병(M-2)까지 치료해야 한다면 일본의 의료는

붕괴되어 버릴지도 모릅니다.

　의료진의 처치를 받을 수 없다면 스스로 회복할 방법을 찾을 수밖에 없습니다. 그렇다고 부정적으로 생각할 필요는 없습니다. 의료진의 처방전이 없이도 약국에서 살 수 있는 약을 먹거나 '운동을 하는 편이 좋겠지', '식습관을 바꿔 볼까', '잠이 부족했건 걸까' 등 생활에 변화를 주고, 건강 정보를 열심히 찾아보며, '지금 나에게 무엇을 더하면 건강해질까'라는 건강 생성론에 근거해 스스로 행동하게 되기 때문입니다.

　건강을 유지하는 주체는 의료진이나 그 누구도 아닌 자기 자신입니다. **피로=미병은 각자 자신의 건강 생성론에 맞춰 주체적으로 대처해 가는 것**이라고 생각합니다.

　다만 지금 세상에는 정보가 넘쳐나서 중심을 잡지 못해 이리저리 휘둘리는 사람들이 있습니다. 이런 사람들을 **'미병 난민'** 혹은 **'휴식 난민'**이라고 부르고 있습니다.

　우리는 이러한 사람들이 휴식에 대한 과학적 지식을 좀 더 학습하기를 바라면서 '휴식사'라고 불리는 휴식 전문가의 육성에 힘을 쏟고 있습니다. 관심 있는 사람은 일본 리커버리 협회 사이트(http://www.recovery.or.jp)를 참조해 주세요.

자는 것은 쉬는 것이 아니다

1판 1쇄 인쇄 2024년 8월 23일
1판 1쇄 발행 2024년 9월 4일

지은이 가타노 히데키
옮긴이 한귀숙
펴낸이 김영곤
펴낸곳 (주)북이십일 21세기북스

콘텐츠TF팀 김종민 신지예 이민재
출판마케팅영업본부장 한충희
마케팅3팀 정유진 백다희
출판영업팀 최명열 김다운 권채영 김도연
제작팀 이영민 권경민
편집 김화영 **디자인** design S

출판등록 2000년 5월 6일 제406-2003-061호
주소 (10881) 경기도 파주시 회동길 201(문발동)
대표전화 031-955-2100 **팩스** 031-955-2151 **이메일** book21@book21.co.kr

ⓒ 가타노 히데키, 2024

ISBN 979-11-7117-778-3 03320

(주)북이십일 경계를 허무는 콘텐츠 리더

21세기북스 채널에서 도서 정보와 다양한 영상자료, 이벤트를 만나세요!
페이스북 facebook.com/21cbooks **포스트** post.naver.com/21c_editors
인스타그램 instagram.com/jiinpill21 **홈페이지** www.book21.com
유튜브 youtube.com/book21pub